Clase Bíblica para Adultos y Jóvenes: Guía de Principiantes: Rut

Clase Bíblica Dominical Para Jóvenes y Adultos, Volume 8

Sermones Bíblicos

Published by Guillermo Doris McBride, 2024.

While every precaution has been taken in the preparation of this book, the publisher assumes no responsibility for errors or omissions, or for damages resulting from the use of the information contained herein.

CLASE BÍBLICA PARA ADULTOS Y JÓVENES: GUÍA DE PRINCIPIANTES: RUT

First edition. November 9, 2024.

Copyright © 2024 Sermones Bíblicos.

ISBN: 979-8227987815

Written by Sermones Bíblicos.

Tabla de Contenido

Introducción	1
Rut 1:1-13	6
Rut 1:14-2:3	13
Rut 2:1-3	20
Rut 2:3-19	24
Rut 2:20-3:2	34
Rut 3:1-2	40
Rut 3:3-18	45
Rut 4:1-22	56
El Regreso de Nohemí	66
La historia bíblica y nosotros	73
Conclusión	78

En la vida, enfrentamos momentos de devastación y desesperanza que parecen insuperables. La historia de David en los versículos que exploramos hoy nos ofrece una poderosa lección sobre cómo afrontar nuestras batallas más difíciles y recuperar lo perdido. Cuando David y sus hombres regresaron a Ziklag y la encontraron destruida, se sumieron en una profunda angustia. No obstante, lo que sigue es una historia de recuperación, fe y liderazgo bajo la guía de Dios. A través de este relato, descubriremos cómo hallar fortaleza en Dios en nuestros momentos más oscuros y cómo su dirección puede conducirnos a la victoria sobre nuestras crisis. Antes de adentrarnos en cómo hallar fortaleza en Dios, debemos reconocer y comprender la profundidad de nuestra desesperación, tal como la experimentó David. La llegada de David y sus hombres a Ziklag, solo para hallarla incendiada y a sus familias capturadas, representa uno de los momentos más difíciles en la vida de David. Esta tragedia nos enseña que nadie está libre de experimentar dolor y pérdida. En mi experiencia como pastor, he observado cómo las pruebas pueden sobrepasarnos, dejándonos sentir vulnerables y solos. Sin embargo, es en la profundidad de nuestra desesperación donde se manifiesta más claramente nuestra necesidad de Dios.

a. Enfrentando Nuestro Ziklag Personal

Cada uno de nosotros enfrentará un "Ziklag" en algún momento de nuestra vida. Es decir, un momento que pone a prueba nuestra fe, resistencia y carácter. Puede ser una pérdida, un fracaso o una traición. La pregunta es, ¿cómo respondemos cuando todo parece perdido?

b. El Llanto Como Parte del Proceso de Sanación

David y sus hombres lloraron hasta que no pudieron más. A menudo, subestimamos el poder sanador del llanto y la expresión de nuestro dolor. Reconocer nuestra tristeza y compartirla con Dios es el primer paso hacia la recuperación.

c. La Solidaridad en el Sufrimiento

En su aflicción, David no estaba solo; sus hombres, igualmente agobiados por su propia pérdida, compartían el peso del dolor. Esto nos recuerda que, en la iglesia, estamos llamados a llevar las cargas unos de otros, brindando consuelo y apoyo (Gálatas 6:2). Después de compartir nuestro dolor, es crucial dirigirnos hacia la fuente de todo consuelo y fortaleza. Observemos cómo David halló su fortaleza en el Señor, señalando el camino hacia nuestra recuperación. En su momento más sombrío, David "se fortaleció en el Señor su Dios". La decisión de acudir a Dios en busca de fortaleza fue el inicio de la recuperación de David. No cayó en la desesperación, sino que optó por confiar en Dios para obtener guía y consuelo.

Introducción

Continuando nuestro recorrido por el Antiguo Testamento, llegamos al libro de Rut. Se cree que este libro pudo haber sido escrito por Samuel, aunque no existe una prueba fehaciente que lo demuestre. El versículo clave en este libro de Rut es el que se encuentra en el capítulo 3, versículo 18, donde dice: "...Entonces Noemí dijo: Espérate, hija mía, hasta que sepas cómo se resuelve el asunto; porque aquel hombre no descansará hasta que concluya el asunto hoy". El asunto estaba en manos de alguien que era un hombre de acción, que tomaría el caso de la redención de Rut en sus manos. Ella podría descansar en él. Es una hermosa figura de lo maravilloso que es tener un Salvador como Jesucristo, el Redentor en quien uno puede descansar y disfrutar de su obra de redención.

El tema de este libro es el "pariente redentor". Este pequeño libro de Rut ha sido de bendición especial para muchas personas. Rut es una adición al libro de los Jueces y su contenido histórico tuvo lugar durante este período. Es una hermosa historia, un relato feliz acerca de algunas personas que vivieron durante el período triste que se describe en el libro de los Jueces.

Este libro ha sido reconocido como una joya literaria en variados círculos. Se informa que el Dr. Samuel Johnson, un gran hombre literario del siglo XVIII, hizo una copia del libro de Rut. Lo copió todo en escritura incluyendo la totalidad del texto y lo leyó delante de un grupo de hombres, miembros de un club en Londres, como una producción que él había leído recientemente. Los miembros del club, creyendo que era una composición moderna, elogiaron unánimemente y en alta voz el manuscrito. Probablemente creyeron que el Dr. Johnson mismo lo había escrito. Pero él les informó que había sido tomado de un libro que ellos rechazaban. Y ese por supuesto, ese libro era la Biblia misma.

La hermosura y excelencia de la historia de Rut no puede pasar inadvertida aun al creyente más indiferente. El libro de Rut registra la historia del amor de la sierva de Moab. Revela el poder del amor puro y apasionado. Cuenta del apego intenso que existía entre Rut y su suegra Noemí, pues el amor verdadero es tan fuerte como la misma muerte.

Este libro registra un romance que triunfó sobre obstáculos raciales y religiosos, y cuenta de dos corazones que fueron unidos con los lazos del amor. El libro de Rut es una prueba de laboratorio que demuestra que la más grande de las características humanas es el amor, lo cual es evidente también, en el nivel divino.

La palabra amor solamente se usa una sola vez en todo este libro y nos habla del amor de Rut por su suegra en el capítulo 4, versículo 15. En cuanto al romance de Rut, la palabra amor no aparece. Sin embargo, no puede pasar inadvertido el hecho de que el suyo fue un gran romance. Esta historia ilustra el gran amor de Dios por nosotros en la actualidad.

El Dr. Vernon McGee, nos cuenta que el libro de Rut primero le atrajo cuando era estudiante en el Seminario. "Una noche, continúa el Dr. McGee, me encontré en la biblioteca leyendo un libro escrito por uno de los grandes reformadores; un libro que era de lectura requerida para una de las clases. Su autor escribió este libro cuando era muy joven. En muchas maneras era un libro maravilloso, pero pronto su lectura se volvía pesada. Así que muy pronto empecé a hojear el libro. Llegué al lugar donde el autor hablaba de los tipos de Redentor. Nombraba a Moisés, a Sansón, y a Samuel. Creyendo que yo no había visto un nombre, volví y descubrí que no había mencionado a Booz. Estaba excluyendo el lado amoroso de la redención. Presentaba la salvación y la redención como cualquier negocio o transacción fría. Cristo pagó la salvación con Su sangre, y eso era todo. Presentaban la redención como un asunto meramente legal e impersonal".

La historia de Rut y Booz muestra el aspecto del amor en la redención. Y estimado lector, la salvación es como una intriga de amor. El apóstol Juan nos dijo en su primera carta, capítulo 4, versículo 19: "... nosotros le amamos a él, porque él nos amó primero". Y esto es lo maravilloso en cuanto a la salvación. Usted descubrirá que muchos escritores del pasado han puesto gran énfasis únicamente sobre el hecho de que la salvación fue una transacción. Pero realmente se trata de un asunto de amor. El apóstol Pablo dijo en su carta a los Gálatas, capítulo 2, versículo 20: "Con Cristo estoy juntamente crucificado, y ya no vivo yo, mas vive Cristo en mí; y lo que ahora vivo en el cuerpo, la vivo en la fe del Hijo de Dios, el cual me amó y se entregó a sí mismo por mí".

En nuestro estudio del libro de Rut veremos el lado amoroso de la redención. Lo vimos también en el libro de Éxodo, donde el énfasis fue puesto en la liberación que Dios realizó por Su pueblo. Empezamos a sentir el latido del corazón de Dios al sacar del cautiverio a Su pueblo. No se le ha dado el énfasis que se debe a este aspecto amoroso de la salvación. En la edad media, Anselmo escribió un libro que llevaba como título *"Cordis Homo"*, que trata el tema del por qué Dios se hizo hombre. Habló del hecho de que Cristo vino para lograr la redención, pero no pone ningún énfasis en el amor. Teólogos y predicadores como Calvino, Jonatán Edwards, Stuart Robinson y otros, tampoco expusieron el aspecto amoroso de la salvación. Dios nos ama.

Aunque Rut es un libro pequeño, de solamente cuatro capítulos, tiene mucha importancia en relación con la venida de Jesucristo al mundo. Sin este libro y su genealogía no podríamos relacionar a la casa de David con la tribu de Judá. Es un eslabón importante en la cadena de la Escritura que comienza en el Génesis, conduce directamente al nacimiento de Jesucristo en el establo de Belén y a la cruz, a la corona y al trono de David en el cual un día el Señor se sentará. Y eso es muy importante.

El libro de Rut es singular por presentar una fase importante de la doctrina de la redención, al presentar el único ejemplo en la Biblia del pariente-redentor en acción. El concepto del pariente-redentor fue presentado en los libros de Levítico y Deuteronomio. Rut dio un relato detallado del término hebreo *goel* funcionando en su significado pleno. No pudo haber habido ninguna redención para la propiedad ni para el individuo, sin la persona y presencia de algún pariente-redentor. Y a menos que la obra del pariente-redentor se comprenda adecuadamente, no puede haber ninguna comprensión de la obra de la redención de Jesucristo. La redención requiere un pariente-redentor. Y si solo Dios puede redimir, era necesario que Él se convirtiese en un ser humano. Booz proporcionó la única figura del aspecto del pariente-redentor en la redención, que es tan esencial para una comprensión de la obra de la expiación, en la cual Dios hizo que Cristo, al derramar Su sangre, fuera el instrumento del perdón que se alcanza por la fe.

El libro de Rut esclarece también la economía legal de la época de Moisés. Y luego, estimado lector, en este libro veremos a Cristo. El día de Pentecostés denota la línea de demarcación entre la ley y la gracia. Rut, desde el principio hasta el fin, es una historia de pura gracia. Cuenta de cómo una gentil, a quien la ley condenaba, fue traída bajo las alas del Señor de Israel, de cómo le fue posible entrar en la comunidad cuando la ley decía: "No entrará amonita ni moabita en la congregación del Señor", en el capítulo 23 de Deuteronomio, versículo 3. Rut fue traída por todo el camino y cada paso suyo fue una evidencia de la gracia. Ella creyó a Booz, y él la trajo a su corazón y a su hogar. Por la gracia ella fue salvada por la fe. Resumiendo, esta pequeña obra desciende hasta nuestro nivel humano y nos cuenta la historia común y corriente de una pareja cuyos integrantes se amaban mutuamente. Eran personas normales y su historia de amor es como un espejo en el cual podemos contemplar el amor divino del Salvador por usted y por mí. Al recorrer pues, este relato, veremos cómo se desarrolla esta historia de amor.

Hay varias maneras de dividir este libro de Rut, pero lo hemos divido geográficamente:

Primero, en la tierra de Moab - en el capítulo 1

En segundo lugar, en el campo de Booz - Capítulo 2

En tercer lugar, en la era de Booz - Capítulo 3

Y por último, en cuarto lugar, en el corazón y en el hogar de Booz - en el capítulo 4

Y estamos ahora sí estamos listos para entrar en...

Rut 1:1-13

En este capítulo 1 veremos que Elimelec fue impelido por el hambre a ir a los campos de Moab y allí murió. Sus hijos Maalón y Quelión también murieron. Noemí regresó a su hogar y Rut la acompañó. Después se dirigieron a Belén. Leamos el primer versículo de este capítulo 1 de Rut:

> *"Aconteció en los días que gobernaban los jueces, que hubo hambre en la tierra, y un hombre de Belén de Judá fue a vivir en los campos de Moab con su mujer y sus dos hijos".*

Pues bien, la historia de Rut tuvo lugar durante el tiempo de los jueces. Era un tiempo de decadencia política, de degradación moral, y degeneración espiritual. Los eventos que se registran aquí, tuvieron lugar durante el tiempo de los jueces, en un sentido, la época más oscura de la nación de Israel; un período que empezó después de la muerte de Josué y que continuó hasta el tiempo de Samuel. Esta época decadente se extendió por un período de unos cuatrocientos años. Los israelitas habían sido redimidos de Egipto con sangre, guiados sin peligro a través del desierto con el poder de Dios, y traídos personalmente por Él a la tierra prometida. Ahora, parecía que habiendo estado rodeados de estas circunstancias tan favorables, servirían a Dios y se hallarían al comienzo de un período de gran bendición y prosperidad. Ciertamente, tan feliz entrada proveía grandes expectativas para el futuro. Sin embargo, no fue así. Por ello, la historia de Rut presenta un claro contraste con la época oscura de los jueces.

El libro de los Jueces terminó con una apostasía religiosa, una decadencia moral, y una anarquía política. El último versículo del libro dice: "En estos días no había rey en Israel; cada uno hacía lo que bien le parecía". Sin duda, Booz conoció a alguno de los jueces. El libro de Rut proviene de un período de gran inmoralidad y es como una historia clara escrita sobre circunstancias oscuras. Es una historia hermosa, una historia dulce que ocurrió en un período de compromiso, corrupción y confusión. Fue como una luz brillante en medio de la oscuridad. Así es la manera en que Dios escribe.

Quizá usted habrá notado en las revistas, algunos avisos comerciales que están impresos con letras blancas sobre un fondo negro. Y habrá notado el contraste que ofrecen y cómo resaltan en la página. Pues bien, así es como Dios escribe. Sobre el fondo negro del pecado Dios escribe la bella historia de la salvación. Sobre las circunstancias oscuras de los días de los jueces, días en que los seres humanos estaban controlados por el pecado y sus pasiones, cuando cada uno hacía lo que bien le parecía, se nos presenta el panorama descrito en los capítulos 1 al 3 de la epístola a los Romanos.

Rut revela el hecho, de que a cualquier joven, le es posible vivir para Dios, si es que realmente quiere vivir para Dios. Fíjese usted en que hubo hambre en la tierra. Y ésta es una de las trece hambres que se menciona en el Antiguo Testamento. Y éstas siempre ocurrían durante un tiempo de juicio. Aquellos no fueron solamente días sombríos, sino que también fueron los más obscuros. Por lo tanto, el juicio de Dios descendió sobre la tierra. Leamos ahora el versículo 2 de este capítulo 1 de Rut:

"Aquel hombre se llamaba Elimelec, y su mujer Noemí; los nombres de sus hijos eran Mahlón y Quelión, efrateos de Belén de Judá. Llegaron, pues, a los campos de Moab, y se quedaron allí".

Un hombre llamado Elimelec de Belén de Judá fue a residir en los campos de Moab junto con su esposa y sus dos hijos. Es muy importante buscar el significado de los nombres bíblicos. Belén significa "casa de pan". Judá significa "alabanza". Aquí está un hombre que vivía en la casa de pan y en el lugar de alabanza. Ese sería un lugar maravilloso para vivir ¿no le parece? Pero fue a morar a Moab con su familia porque había hambre en su tierra. Parece que no confiaba en el Señor.

Es muy interesante lo que se dice en cuanto a Moab en el Salmo 108, versículo 9. Dios dice: "Moab, la vasija para lavarme". Aquí está pues un hombre, que junto con su familia dejó la casa de pan y de alabanza para ir a un lugar inferior. ¿Ha escuchado contar antes esta historia? Estamos seguros que sí la ha escuchado. Es la historia que nuestro Señor contó acerca del hijo pródigo. Recordará usted que el hijo pródigo dejó la casa de su padre y se fue a comer con los cerdos. En el libro de Rut tenemos el relato de una familia pródiga, y no solamente de un hijo pródigo.

Esta familia pródiga sería castigada allá en el país lejano. Todo pródigo será castigado en el país lejano. Pero cuando vuelve, no es castigado sino perdonado. Dios siempre recibe al hijo de Dios que se vuelve hacia Él desde el país lejano, donde ha sufrido la disciplina merecida.

Ahora, el nombre Elimelec significa "Mi Dios es Rey". El nombre de su esposa Noemí significa "Placentera", "Agradable". Aquí están pues "Mi Dios es Rey" y "Placentera". Nunca le sería posible a uno encontrar mejor pareja que ésta. Pero, observemos a sus hijos. Mahlón significa "enfermo" y Quelión significa "enclenque". Esos son nombres extraños para hijos, pero parece que se los pusieron porque eran los más apropiados. Parece que Noemí vivía por encima de las circunstancias adversas y siempre apreciaba el aspecto positivo de la vida. Tenía dos muchachos enfermizos, pero nunca le sería posible a uno saberlo, al hablar con ella. Y hay muchas personas con un carácter agradable como el de ella.

Ahora, estas personas eran efrateos de Belén de Judá. Entraron en los campos de Moab. Y eso ya sería bastante malo, pero para colmo, continuaron viviendo allí. Recordando la parábola del hijo pródigo, una vez alguien preguntó: ¿Qué le habría pasado al hijo pródigo si hubiera muerto en la pocilga? Habría muerto siendo hijo. Nunca habría muerto siendo un cerdo. La familia de esta historia le pertenecía a Dios. Eran hijos Suyos, pero estaban en un país lejano y tendrían que regresar a casa. Ahora el versículo 3 dice:

"Murió Elimelec, marido de Noemí, y quedó ella con sus dos hijos"

"Mi Dios es Rey". ¡Qué nombre más maravilloso tenía Elimelec! Cada vez que se nombraba, resonaba como un testimonio. Pero murió y dejó a su esposa con sus dos hijos. Ahora ya dijimos que serían castigados en un país lejano, y aquí comenzaron sus problemas. Leamos ahora el versículo 4 de este primer capítulo de Rut:

"los cuales se casaron con mujeres moabitas; una se llamaba Orfa y la otra Rut. Y habitaron allí unos diez años".

El nombre Orfa significa "cierva". El nombre Rut ordinariamente significa "hermosura". Era bella y tenía un maravilloso carácter. Hay una palabra que nos gusta usar para describirla. ¿Sabe usted cuál es? Es, "encantadora". Rut era encantadora. Tenía una maravillosa personalidad e inteligencia, y además ella llegó a un conocimiento de Dios. Leamos ahora el versículo 5:

"Murieron también los dos, Mahlón y Quelión, quedando así la mujer desamparada, sin sus dos hijos y sin su marido".

Ahora, Noemí, aquella cuyo nombre significaba "Placentera" había perdido no solamente a su esposo, sino también a sus dos hijos, "enfermo" y "enclenque". Ya dijimos que serían castigados en el país lejano. Ambos jóvenes murieron y ahora tenemos aquí a tres viudas. Noemí había salido a los campos de Moab con tres hombres, y había acabado con dos mujeres que eran extranjeras. Consideremos ahora la decisión de regresar a Judá. Leamos los versículos 6 al 10 de este capítulo 1 de Rut:

"Entonces se puso en marcha con sus nueras, y regresó de los campos de Moab, porque oyó en el campo de Moab que el Señor había visitado a su pueblo para darle pan. Salió, pues, del lugar donde había estado, y con ella sus dos nueras, y comenzaron a caminar para regresar a la tierra de Judá. Y Noemí dijo a sus dos nueras: Andad, volveos cada una a la casa de su madre. Que el Señor tenga de vosotras misericordia, como la habéis tenido vosotras con los que murieron y conmigo. Os conceda el Señor que halléis descanso, cada una en casa de su marido. Luego las besó; pero ellas, alzando su voz y llorando, le dijeron: Ciertamente nosotras iremos contigo a tu pueblo".

Dios había bendecido nuevamente la tierra de Judá porque el pueblo se había vuelto a Dios. Noemí oyó esas noticias y entonces resolvió regresar a su propio país. Ella y sus dos nueras comenzaron el viaje, pero junto al camino Noemí se detuvo para hablarles algo muy serio. Ella habló favorablemente en cuanto a sus nueras. Ahora, por lo común, la madre que tiene un hijo no cree que haya una mujer que sea lo suficientemente buena como para él. Pero Noemí creía que estas muchachas sí eran buenas para sus hijos, y las apreciaba mucho. Aquí vemos que las aconsejó que regresaran a su pueblo para quedarse allí. Eso significaba que podrían casarse luego con los de su propio pueblo. Ahora, regresar a casa realmente significaba para ellas volver a la idolatría. Y, al parecer, estas dos mujeres se habían declarado a favor de Dios. Pero mientras que una era genuina en cuanto a sus creencias, la otra no lo era.

Ahora, algunas de las cosas que Noemí les había dicho las entristeció, eso es seguro. Si estas dos mujeres se iban con Noemí, probablemente no les sería posible casarse nuevamente porque ninguno de los israelitas se comprometería. Les estaba prohibido a los israelitas casarse con extranjeros. El regreso a Judá con Noemí también significaría una pobreza perpetua, porque cuando ella había salido de su tierra, había perdido su propiedad. Sus tierras habían sido hipotecadas. Otros ahora tenían su parcela y para poder recobrarla le haría falta un redentor. Habría un redentor, pero en este momento, eso no significaba nada para Rut ni para Orfa, que aún no lo sabían. Por lo tanto, Noemí les dijo que debían quedarse en Moab y casarse con los de su pueblo. Entonces, ellas se afligieron y lloraron mucho. Luego, ambas jóvenes le dijeron a Noemí que la acompañarían a Judá. Y tenemos luego la decisión leal de Rut. Leamos los versículos 11 hasta el 13 de este capítulo 1 de Rut:

"Noemí insistió: Regresad, hijas mías; ¿para qué vendríais conmigo? ¿Acaso tengo yo más hijos en el vientre que puedan ser vuestros maridos? Regresad, hijas mías, marchaos, porque ya soy demasiado vieja para tener marido. Y aunque dijera: Todavía tengo esperanzas, y esta misma noche estuviera con algún marido, y aun diera a luz hijos, ¿los esperaríais vosotras hasta que fueran grandes? ¿Os quedaríais sin casar por amor a ellos? No, hijas mías; mayor amargura tengo yo que vosotras, pues la mano del Señor se ha levantado contra mí".

Según la legislación de Moisés, si un hombre moría en Israel, su hermano, tío, o sobrino, podía casarse con la viuda. El hecho es que la esposa del difunto podía pedir que uno de ellos fuera su esposo, a fin de que se perpetuara el nombre del marido. Pero, Noemí les dijo a Rut y a Orfa que ella no tenía más hijos y que serían insensatas si regresaran con ella a Judá, porque no podrían casarse fuera de la familia. Ninguno en Belén tendría interés alguno en ellas.

Es interesante observar cómo Noemí fue consciente de que Dios había juzgado a su familia. Al final todas las decisiones tomadas en la trayectoria de la vida familiar habían estado equivocadas, en contra de la voluntad de Dios y el resultado de todas las experiencias vividas en esa etapa era la amargura. Ese es el fruto, es decir, las consecuencias evidentes en la vida de toda persona que decide actuar con autonomía frente a la autoridad de Dios. Pero Noemí estaba reconociendo el origen de sus males y aceptando con un espíritu de sumisión la voluntad de Dios. Y esa es la actitud que Dios requiere de cada uno de nosotros. En vez de adoptar una actitud de rebeldía, cuando aceptamos una determinada situación de la manera en que ella lo hizo, estamos colocándonos en las manos de Dios para que Él nos coloque nuevamente en la senda de sus planes y propósitos para nosotros. Estamos abriéndonos para que Dios nos limpie, y restaure lo que se haya perdido, repare los trozos dispersos de nuestra vida y los transforme en una personalidad nueva, coherente, que vive y actúa en armonía con Dios, y disfruta de Sus bendiciones.

Rut 1:14-2:3

Decíamos que algunas de las cosas que Noemí había dicho a sus nueras Orfa y Rut, las entristecieron. Si estas dos mujeres se iban con Noemí, probablemente no les sería posible casarse nuevamente, porque ninguno de los israelitas se comprometería con ellas. En efecto, a los israelitas les estaba prohibido casarse con extranjeros. El regreso a Judá con Noemí también significaría una pobreza perpetua porque cuando Noemí había salido de su tierra, había perdido su propiedad. Sus tierras habían sido hipotecadas. Otros tenían ahora su parcela y para poder recobrarla le haría falta un redentor.

Habría un redentor, pero en ese momento, ello no significaba nada para Rut ni para Orfa, porque aún no lo sabían. Por lo tanto, Noemí les dijo que debían quedarse en Moab y casarse con los de su pueblo. Entonces ellas se afligieron y lloraron mucho. Luego ambas jóvenes le dijeron a Noemí que la acompañarían a Judá. Comenzamos luego a considerar la decisión leal de Rut. Si un hombre moría en Israel, su hermano, su tío o sobrino, podía casarse con la viuda. El hecho era que la esposa del difunto podía pedir que uno de ellos fuera su esposo, a fin de que se perpetuara el nombre de su marido.

Pero vimos en los versículos 11 al 13 de este capítulo 1 de Rut, que Noemí les dijo a Rut y a Orfa, que ella no tenía más hijos y que serían insensatas si regresaban con ella a Judá porque no podrían casarse fuera de la familia. Ningún hombre en Belén tendría interés alguno en ellas. Luego Noemí le atribuyó al Señor el origen de sus dificultades. Pero veremos que los problemas se presentaron porque esta familia se hallaba fuera de la voluntad de Dios cuando fueron a los campos de Moab. Imaginemos a las tres mujeres allí en el camino a Moab. A primera vista no estaba ocurriendo nada importante; simplemente una despedida.

Sin embargo, tendría lugar allí una decisión que determinaría el nacimiento de Jesucristo en Belén. Noemí pues les dijo a las jóvenes que si ellas iban a Judá las esperaba la viudez y la pobreza perpetua. Eso es lo que tendrían que sufrir. Leamos ahora el versículo 14 de este capítulo 1 de Rut:

> *"Alzaron ellas otra vez su voz y lloraron; Orfa besó a su suegra, pero Rut se quedó con ella".*

Creemos que hay aquí un ejemplo de lo que son los sentimientos verdaderos de las personas. Y con respecto al arrepentimiento, muchas personas creen que implica el derramar lágrimas. Bueno, estas dos mujeres rompieron a llorar de nuevo. Orfa dejó caer tantas lágrimas como las que dejó caer Rut. Pero fíjese usted lo que sucedió. Orfa besó a su suegra; era muy emocional. Sin embargo, Rut se quedó con ella. Ésta es la diferencia estimado lector, entre un sentimiento real y uno superficial.

Se cuenta que había un barco, aquellos de los tiempos pasados que navegaba por el río Mississippi y que tenía una caldera muy pequeña y una sirena potente. Cuando el barco navegaba río arriba y hacía sonar la sirena, la corriente empezaba a arrastrar el barco río abajo, porque simplemente ese barco no podía avanzar y hacer sonar el silbato al mismo tiempo. Ahora, hay muchos que tienen una forma de expresarse espectacular. Realmente, lloran de forma notoria, pero no tienen realmente una fuerza interior, y su expresividad no significó nada. En nuestra historia, Orfa lloró y besó a su suegra, pero eso no reveló sentimientos profundos.

En su segunda carta a los Corintios capítulo 7, versículo 10, el apóstol Pablo dice: "Porque la tristeza que es según Dios produce arrepentimiento para salvación..." El arrepentimiento estimado lector, significa ir en otra dirección. En efecto, significa dar media vuelta para ir en la dirección opuesta. Creemos que hoy en día, todo el arrepentimiento que se requiere se encuentra en la fe - el creer en el Señor Jesucristo. Esto es lo que Pablo le dijo al carcelero de Filipos en el capítulo 16 de los Hechos de los apóstoles, versículo 31. El apóstol Pablo le dijo: "Cree en el Señor Jesucristo, y serás salvo, tú y tu casa". Luego, a Pablo le fue posible escribir en su carta a los Tesalonicenses, capítulo 1, versículo 9: "...porque ellos mismos cuentan de nosotros la manera en que nos recibisteis, y cómo os convertisteis de los ídolos a Dios, para servir al Dios vivo y verdadero". El apóstol Pablo les predicó a Cristo a estas personas, a personas que iban a los templos de idolatría. El volverse a Cristo era la fe, y el volverse de los ídolos era el arrepentimiento.

Ahora, ¿Cuál viene primero, la fe o el arrepentimiento? ¿Cuál tiene más importancia? Usted, puede discutirlo todo lo que quiera, pero usted no puede volver la palma de su mano sin volver también la otra parte de la mano. Cuando usted se vuelve a Cristo, usted se vuelve, se aparta de algo. Si no se vuelve de algo, entonces no se vuelve a Cristo. Porque el volverse de algo, ese es el arrepentimiento. Sin embargo, Rut se quedó con su suegra. Fíjese en todo lo que esto significó. Éste sí fue un verdadero arrepentimiento, un apartarse de su vida anterior. Leamos el versículo 15 de este capítulo 1 de Rut:

"Noemí dijo: Mira, tu cuñada ha regresado a su pueblo y a sus dioses; ve tú tras ella".

Orfa se volvió a la idolatría. Esta muchacha Orfa pues, no fue un ejemplo del verdadero arrepentimiento. Ella lloró, besó a su suegra, y luego caminó desde las páginas de la Escritura alejándose hacia al silencio de los siglos. Nunca más oímos hablar de ella. Su arrepentimiento no había sido genuino, de ninguna manera. Su matrimonio con un joven de Belén de Judá había sido un matrimonio de conveniencia. Ella se había enamorado de él y se casó. Probablemente Noemí creía que lo mismo sería verdad en cuanto a Rut.

Y por eso le dijo: "Vuélvete tú tras tu cuñada". Pero, Rut había hecho una decisión para Dios y para la eternidad. Y la veremos mencionada nuevamente en el primer capítulo del Nuevo Testamento, en la genealogía que conducía hasta Jesucristo. Había hecho una decisión diferente, la que contenía siete puntos importantes. Leamos los versículos 16 al 18 de este capítulo 1 de Rut:

> *"Rut respondió: No me ruegues que te deje y me aparte de ti, porque a dondequiera que tú vayas, iré yo, y dondequiera que vivas, viviré. Tu pueblo será mi pueblo y tu Dios, mi Dios. Donde tú mueras, moriré yo y allí seré sepultada. Traiga el Señor sobre mí el peor de los castigos, si no es solo la muerte lo que hará separación entre nosotras dos. Al ver Noemí que Rut estaba tan resuelta a ir con ella, no insistió".*

Veamos ahora estos siete puntos importantes en la decisión de Rut:

En primer lugar, dijo: "A dondequiera que tú fueres, iré yo". Rut decidió que a dondequiera que fuera Noemí, ella también iría.

En segundo lugar, dijo: "Dondequiera que vivieres, viviré". No empleaba esta decisión como una conveniencia para entrar en la tierra de Judá sino para identificarse con ella. Se iba a quedar con Noemí, aunque esto significara la pobreza. Es decir, que estaba dispuesta a sufrir la pobreza.

En tercer lugar, dijo Rut: "Tu pueblo será mi pueblo". Ella sabía que esta decisión la desterraría de su propio pueblo y de su idolatría, pero se volvió para ir a la tierra de Judá e, identificándose con el pueblo de Dios dijo: "Tu pueblo será mi pueblo, sea que me acepte, o que no me acepte". Uno no puede tomar una decisión con respecto a Dios sin identificarse con el pueblo de Dios.

En cuarto lugar, dijo: "Y tu Dios mi Dios". ¿Por qué se casarían estas muchachas Orfa y Rut con hombres enfermizos? Esta familia de Judá había llegado a la vecindad de las muchachas en Moab. Ellas se encontraban rodeadas de mucha idolatría y en las profundidades del paganismo. Conocieron a esta familia y oyeron contar acerca del Dios vivo y verdadero. Y eso enterneció sus corazones y cuando los muchachos se declararon, ellas se casaron con ellos. Pero, Rut había decidido seguir a Dios, y no faltó a su decisión.

En quinto lugar, dijo Rut: "Donde tu murieres, moriré yo". Esta quinta decisión que Rut hizo era muy importante. Significaba que tenía la misma esperanza de inmortalidad que tenían Noemí y los israelitas. Vimos esa esperanza en el libro de Génesis, cuando Jacob quiso ser sepultado en la tierra de Canaán. José quiso que sus huesos fueran llevados de la tierra de Egipto y sepultados en la tierra de Canaán. ¿Por qué? Porque el futuro para estas personas sería una resurrección algún día en esa tierra, para vivir en el reino de los cielos, establecido aquí en esta tierra. Como dice la carta a los Hebreos 11:10, esperaban vivir en aquella ciudad que tendría fundamentos firmes, de la cual Dios sería el arquitecto y constructor. Esa esperanza de Israel pues llegó a ser también la esperanza de Rut.

En sexto lugar, Rut dijo: "Donde te sepulten a ti, allí seré sepultada yo". Ella quería ser sepultada en la tierra de Canaán. La resurrección le daba una esperanza, como hemos dicho, la misma esperanza que los patriarcas habían tenido, que era la esperanza del Antiguo Testamento.

Y en séptimo lugar, Rut dijo: "Traiga el Señor sobre mí el peor de los castigos, si no es sólo la muerte lo que hará separación entre nosotras dos". ¡Qué maravillosa decisión la que Rut ha hecho! Noemí ya conocía muy bien a Rut y sabía que se había decidido de una vez y para siempre. Por eso Noemí dejó entonces de tratar de disuadirla. Leamos ahora el versículo 19 de este capítulo 1 de Rut:

"Anduvieron, pues, ellas dos hasta llegar a Belén. Cuando entraron en Belén, toda la ciudad se conmovió por su causa, y exclamaban: ¿No es esta Noemí?"

Cuando Rut y Noemí llegaron al pueblo de Belén, los de Belén vieron a Noemí y se preguntaron: ¿No es esta Noemí? Cuando Noemí salió de Belén, era próspera. Tenía un esposo y dos hijos. Ahora, ella regresaba, pero su esposo y sus dos hijos habían muerto. Todo lo que traía con ella ahora, era una acompañante extranjera, y su pobreza era muy obvia. Leamos ahora el versículo 20 y 21:

> *"Pero ella les respondía: ¡No me llaméis Noemí, sino llamadme Mara; porque el Todopoderoso me ha llenado de amargura! Me fui llena, con las manos vacías me devuelve el Señor".*

¿Había de veras Dios tratado amargamente con ella? No, estimado lector. Noemí era miembro de una familia pródiga y por eso fue castigada en el país lejano. Fue por causa de su desobediencia que le sucedieron todas estas cosas. Noemí había salido llena. Lo tenía todo. Pero había regresado con las manos vacías. No tenía nada. Así le sucede al hijo de Dios que teniendo a su disposición todas las bendiciones espirituales en Jesucristo, se aleja de Su presencia y pierde su relación de compañerismo con Él. Allí, lejos de Dios, dondequiera que se encuentre, sufrirá la disciplina divina y volverá a su hogar espiritual con las manos vacías, como vino aquel hijo pródigo de la parábola. Aunque encontrará que su Padre le estará esperando con los brazos abiertos, para perdonarle y bendecirle como nunca antes. Leamos los versículos 21b y 22:

> *¿Por qué aún me llamáis Noemí, si ya Jehová ha dado testimonio contra mí y el Todopoderoso me ha afligido? Así regresó Noemí, y con ella su nuera, Rut, la moabita. Salieron de los campos de Moab y llegaron a Belén al comienzo de la cosecha de la cebada".*

Lo había perdido todo en el país lejano. Y no quería que sus vecinos la llamaran Placentera, como el significado de su nombre, sino Amarga. Pero nos alegramos de que el Espíritu de Dios no aceptara su nuevo nombre. No sería Mara, un nombre de amargura, porque aún habría guardadas para ella algunas experiencias maravillosas.

La mujer extranjera que Rut traía de la tierra de Moab, llamada Rut, no pertenecía a la sociedad israelita. La ley mosaica la excluía y ella no creía que tuviera esperanza alguna. Pero, veremos más adelante que algunas cosas maravillosas le iban a pasar a Noemí y a su nuera Rut. Llegaron a Belén al comienzo de la siega de la cebada, que era una buena hora para llegar a Belén. El hambre había pasado y había una buena siega. Llegamos ahora a

Rut 2:1-3

El tema general es el campo de Booz. En este capítulo vemos que Rut recogía espigas en el campo de Booz. Y Booz se fijó en ella y la favoreció. El capítulo 2, en la división geográfica que hemos hecho de este libro de Rut, nos trae al campo de Booz. En este capítulo nos enteraremos de la pobreza de estas mujeres, Noemí y Rut. Leamos el primer versículo de este capítulo 2 de Rut:

> *"Tenía Noemí un pariente de su marido, hombre rico de la familia de Elimelec, el cual se llamaba Booz".*

Ahora, Booz era un pariente, un *goel*, palabra hebrea que significa el pariente cercano y redentor. Según la ley hebrea, él era un pariente-redentor. Y veremos que Booz conocía la ley mosaica. Booz, por cierto también significa fuerza. Era un hombre poderoso en riquezas y puede traducirse que era un "hombre fuerte en la guerra". También puede traducirse como "un hombre fuerte en la Ley". Estas tres características describían bien a Booz. Éste era una figura del Señor Jesucristo. De usted y de mí se puede decir que tenemos un pariente redentor que, como dice la carta a los Hebreos 7:26, era santo, sin maldad y sin mancha, apartado de los pecadores. Creemos que Booz estaba ausente cuando Noemí y Rut regresaron a Belén. Probablemente estaba en una de aquellas numerosas guerras que se libraban durante el tiempo de los jueces. Continuemos leyendo ahora el versículo 2:

> *"Un día Rut, la moabita, dijo a Noemí: Te ruego que me dejes ir al campo a recoger espigas en pos de aquel a cuyos ojos halle gracia. Ve, hija mía, le respondió ella".*

Esto significa que estas dos mujeres debían haber sido muy pobres para tener que salir Rut al campo a recoger espigas. Estaban apelando a la ley mosaica; recordemos que en Levítico capítulo 19, versículos 9 y 10: "Cuando siegues la mies de tu tierra, no segarás hasta el último rincón de ella, ni espigarás tu tierra segada. Y no rebuscarás tu viña, ni recogerás el fruto caído de tu viña; para el pobre y para el extranjero lo dejarás. Yo el Señor, vuestro Dios". Esta ley se repitió nuevamente en el capítulo 23 de Levítico, versículo 22. Rut era extranjera y también pobre. Y Noemí también era pobre. Rut pues salió para recoger espigas en los campos, conforme a la ley mosaica. Éste era el método de Dios para suplir las necesidades de los pobres. Ellas no estaban viviendo de la limosna. Y éste fue el programa de Dios para el cuidado de los necesitados. Los pobres no tenían que formar filas para recibir la caridad. Fueron atendidos, pero tenían que salir a los campos y trabajar. Tenían que salir para recoger espigas.

Se calcula que en aquel entonces, el treinta por ciento del grano, era dejado en los campos. Tenían un método bastante rudimentario para segar. El grano era cortado a mano y recogido a mano. Las cosas son bastante diferentes hoy en día. Las nuevas segadoras no solamente cortan los granos, sino que también los trillan y lo envasan en sacos y hacen fardos de la paja. Hoy en día todo el grano puede ser recogido. Pero en los tiempos de Rut y de Noemí, era imposible recoger todo el grano. De modo que se les permitía la entrada a los pobres en los campos donde seguían a los que recogían espigas y ellos recogían también. Por tanto, vemos aquí que Rut le dijo a Noemí: "Déjame ir al campo a espigar". Ahora leamos el versículo 3 de este capítulo 2 de Rut:

"Fue, pues, y al llegar, se puso a espigar en el campo tras los segadores. Y acontenció que aquella parte del campo era de Booz, el pariente de Elimelec".

Rut salió de Belén al campo para buscar un lugar donde espigar. Era sumamente importante que Rut fuera al campo de Booz. Pero todo estaba dispuesto en los planes de Dios, de cara al futuro nacimiento de Jesús en Belén. Pues bien, vemos ahora que Rut tenía el permiso de Noemí para espigar para las dos. Ella entonces fue y recogió espigas en el campo de Booz, aunque ella no le conocía. El versículo dice que "...y aconteció que aquella parte del campo era de Booz". Ahora, "Aconteció" es aquí una palabra de ventura. Implica algo que sucede sujeto a la contingencia de lo que depare la suerte. Seguramente Rut salió de Belén, y mientras caminaba miraba a este campo y a aquel otro; indecisa en cuanto a cuál de los campos entrar. Y por fin vemos que se decidió a entrar en el campo de Booz.

Ahora, estamos seguros que hay quienes explican la llegada de Rut al campo de Booz diciendo que "fue guiada por el Señor". Algunos creerán que una voz le habló a Rut desde los cielos diciéndole a dónde debía ir. Pero según lo que sabemos, a ella no le fue dado ningún sueño ni visión que le revelara el campo dónde debía espigar. En cuanto a ella se refiere, y desde un punto de vista humano, todo aconteció así como por casualidad. Pero desde el punto de vista divino, no fue así. Para algo tan importante como esto, uno creería que Dios estaría allí mismo, guiándola directamente como si hubiera sido por medio de un mapa de carreteras. Pero no fue así como Dios la guió. Permítanos decir aquí, que Rut había orado en cuanto a esto, y que Dios se sirvió de las circunstancias para guiarla.

Estoy seguro de que Rut no fue consciente del significado de la decisión que estaba tomando, al entrar en el campo de Booz. El hijo de Dios en la actualidad podría sentirse frustrado en el proceso de conocer la voluntad de Dios con respecto a alguna decisión que debe tomar, cuando está buscando una determinada señal, alguna experiencia, alguna luz, alguna voz, una visión, un sueño. Recordemos algunos casos. Por ejemplo, a Jonás, Dios le dijo: "Levántate y vete a Nínive". A los profetas Jeremías y Ezequiel les dijo que hablasen con claridad. Y así a muchos otros, que vieron demostraciones visibles y audibles de Dios. Debiéramos darnos cuenta de que, aunque por una parte no podemos poner límites a la forma de comunicarse de Dios con nosotros, por otra parte debemos reconocer que Él no suele hablarnos de esa manera en la actualidad. Lo evidente es que Dios nos habla hoy por Su Palabra. Si un creyente vive en una relación de comunión y compañerismo con Dios, no tiene en su vida un pecado no confesado y no ha contristado o estorbado la obra del Espíritu Santo en él, puede confiadamente encomendar su vida a Dios. Él quiere revelarnos su voluntad, como todo padre a sus hijos y muchas veces nos guiará por las circunstancias, y en otras ocasiones nos guiará sin que seamos conscientes de ello. A veces uno se enfrenta con situaciones en las cuales no se ve con claridad la voluntad de Dios. Otras veces, Dios permite decisiones equivocadas para enseñarnos una lección que está de acuerdo con Sus propósitos. La providencia de Dios nos hace comenzar a vivir cada día con una actitud de dependencia de Él, con un sentimiento de emoción, expectativa e ilusión. Si aún no tiene usted una relación con Dios, le invitamos a aceptar la obra de Cristo en la cruz a favor suyo, por la fe. Merece la pena vivir por la fe, sabiendo que el desea derramar sobre nosotros sus bendiciones y que vivamos la vida plenamente, con metas que estén de acuerdo con Su voluntad, es decir, guiadas por Su Palabra y por Su Espíritu, para que tengamos una vida de auténtica calidad.

Rut 2:3-19

Continuando con nuestro estudio del capítulo 2 de Rut, leamos una vez más el versículo 3:

"Fue, pues, y al llegar, se puso a espigar en el campo tras los segadores. Y aconteció que aquella parte del campo era de Booz, el pariente de Elimelec".

Decíamos que Rut había salido de Belén al campo para buscar un lugar donde espigar. Era sumamente importante que Rut fuera al campo de Booz, de cara al nacimiento del Señor Jesucristo en Belén. Pues bien, vemos que Rut tenía el permiso de Noemí para espigar para las dos. Ella entonces fue y recogió espigas en el campo de Booz, aunque ella no le conocía. Vimos además que este versículo 3 dice: "Y aconteció que aquella parte del campo era de Booz". Ahora, "Aconteció" es aquí una palabra de ventura. Implica algo que sucede sujeto a la contingencia de lo que depare la suerte.

Ahora, hay quienes explican la llegada de Rut al campo de Booz diciendo que fue guiada directamente por el Señor. Algunos creerán que una voz le habló a Rut desde los cielos diciéndole a dónde debía ir. Pero según lo que sabemos, a ella no le fue dado ningún sueño ni visión que le revelara el campo dónde debía espigar. Por lo que a ella se refiere, y desde un punto de vista humano, todo aconteció así como por casualidad. Pero desde el punto de vista divino, no fue así. Para algo tan importante como esto, uno creería que Dios estaría allí mismo, guiándola directamente como si lo hubiera hecho por medio de un mapa de carreteras. Pero no fue así como Dios la guió. Permítanos decir aquí, que Rut había orado en cuanto a esto, y que Dios se sirvió de las circunstancias para guiarla.

Él nos guía a través de Su Palabra, de Su Espíritu, y a veces lo hace a través de las circunstancias.

Creemos que el Señor nos guía, así como guió a Rut. Creemos que si usted hubiera estado con Rut por ejemplo aquel día cuando salió a recoger espigas, podría haberle dicho: "Rut, ten cuidado a dónde vayas". Y probablemente ella le habría respondido: "Sí, claro, tendré cuidado". Usted podría preguntarle más tarde: "¿Por qué pues, escogiste el campo de Booz?" Y, creemos que ella le contestaría: "Bueno, lo escogí porque miré al campo al otro lado del camino y nadie estaba espigando allí. Pero en este campo, había tantos que espigan que di por sentado que el dueño del campo debía ser un hombre muy generoso". Y así, de esa misma manera, Dios quiere guiarnos hoy en día. Dios quiere que permanezcamos cerca de Él. No nos va a entregar ningún mapa de carreteras con nuestro camino trazado. Él dijo en el Salmo 32, versículo 8: "Te haré entender, y te enseñaré el camino en que debes andar; sobre ti fijaré mis ojos". Tenemos que estar muy cerca de Él para poder ser guiados. No podemos simplemente correr a Dios para asirnos de Su voluntad en el último momento, cuando ya nos hallamos en apuros. Se trata de permanecer cerca de Él en todo momento. Ahora observemos lo que ocurrió cuando Rut entró en el campo. Leamos el versículo 4 de este capítulo 2 de Rut:

"Llegaba entonces Booz de Belén, y dijo a los segadores: El Señor sea con vosotros. El Señor te bendiga le respondieron ellos".

Observemos las relaciones cordiales entre Booz y sus trabajadores. Ahora el versículo 5 dice:

"Luego Booz le preguntó a su criado, el encargado de los segadores: ¿De quién es esta joven?"

Después de que las personas se pusieron a espigar, Booz entró en su campo. Habló a su siervo, quien estaba encargado de los segadores.

Había pobres, extranjeros que espigaban en su campo y se fijó en que había muchos. Luego, de repente vio a Rut.

Booz quiso saber de quién era ella. Creemos que Booz era el soltero más aceptable en todo Belén. Pues bien, para Booz éste fue un caso de amor a primera vista. Y así fue como en aquellos campos se inició un romance. Leamos ahora el versículo 6:

"El criado encargado de los segadores respondió: Es la joven moabita que volvió con Noemí de los campos de Moab".

Puede quizás surgir la pregunta: ¿Por qué no conoció Booz antes a Rut? La contestación se halla en el hecho de que sin duda, él había estado fuera luchando en una de las innumerables guerras que se libraban durante el tiempo de los jueces. Era un hombre de guerra, un hombre rico, un hombre seguidor de la ley. Probablemente era uno de los hombres más prominentes en todo Belén, y uno de los solteros más aceptables. Ahora, se había enamorado de la joven Rut. Continuemos con el versículo 7 de este capítulo 2 de Rut, donde el criado continuó hablándole a Booz en cuanto a Rut, y le dijo:

"Me ha dicho: Te ruego que me dejes espigar y recoger tras los segadores entre las gavillas". Entró, pues, y ha estado trabajando desde la mañana hasta ahora, sin descansar ni un solo momento".

El siervo encargado de los segadores, creyendo quizá que Booz no comprendía, le explicó cómo había llegado Rut a su campo. Ahora el versículo 8 dice:

"Entonces Booz dijo a Rut: Oye, hija mía, no te vayas, ni recojas espigas en otro campo; te quedarás aquí junto a mis criadas".

Booz le dijo a Rut: "Yo quiero que espigues en este campo". No quiso que ella fuera a otra parte para espigar. Evidentemente ya estaba comenzando a mostrar interés en ella. Continuemos con el versículo 9 de este capítulo 2 de Rut:

"Mira bien el campo que sieguen y síguelas; pues he mandado a los criados que no te molesten. Y cuando tengas sed, ve a las vasijas, y bebe del agua que sacan los criados".

Booz extendió su protección sobre ella. Le dijo que estaría completamente protegida en su campo. No podemos imaginarnos los insultos que, siendo ella moabita, podría haber recibido en aquel entonces. Era una paria, una extranjera. Podría haber sido insultada apenas entrara en el campo, porque había muchas maneras de ser ofendida. Ahora, Booz lo arregló todo a fin de que nadie la insultara ni abusara de ella. Leamos el versículo 10:

"Entonces ella, bajando su rostro, se postró en tierra y le dijo: ¿Por qué he hallado gracia a tus ojos para que me favorezcas siendo yo extranjera?"

¿Por qué he hallado gracia en tus ojos? Creemos que esta fue una pregunta sincera por parte de Rut. Pero Rut hizo esta pregunta a Booz porque Noemí la había instruido y preparado para lo peor. La había recordado a Rut que ella era moabita y que los israelitas no le harían mucho caso. Eso quería decir que probablemente permanecería viuda todos los días restantes de su vida. Sería rechazada. Y Rut aceptó y creyó lo que Noemí le había contado. Es por eso por lo que se quedó tan sorprendida cuando espigó por primera vez en un campo, cuyo dueño era probablemente el soltero más observado del pueblo. Éste salió y se enamoró de ella a primera vista, e inmediatamente comenzó a cuidarla. Y ella quedó tan admirada de su interés que le preguntó: ¿Por qué te has fijado en mí y eres tan amable conmigo? Este libro de Rut nos revela algo interesante porque constituye uno de los casos del Antiguo Testamento en el que las barreras raciales se rompieron y Dios amó y se preocupó por aquellos que llevaban sobre ellos el estigma del juicio.

Ahora, me es posible contestar la pregunta de Rut, porque ella era atractiva, maravillosa, tenía todo el encanto que un hombre podría desear en una mujer y en una esposa. Pero, ¿sabe usted que no me es posible contestar mi propia pregunta? ¿Por qué he hallado yo gracia en los ojos de Dios? Porque no hay nada en mí, que merezca la gracia de Dios. Fue cuando éramos impíos, huyendo de Dios, en rebelión contra Dios, pecadores, débiles, que Cristo murió por nosotros como nos dijo el apóstol Pablo en su carta a los Romanos capítulo 5, versículo 6. ¿Por qué murió Cristo? Porque nos amó. Vio nuestra necesidad de la salvación. Vio cuan indignos éramos, y por eso, hallamos gracia en Sus ojos. Continuemos ahora con el versículo 11 de este capítulo 2 de Rut:

"Booz le respondió: He sabido todo lo que has hecho con tu suegra después de la muerte de tu marido, y cómo has dejado a tu padre y a tu madre, y la tierra donde naciste, para venir a un pueblo que no conocías".

Aunque Booz nunca antes había conocido a Rut, había oído hablar de ella. Tenemos la idea de que muchos le habrán hablado de la joven que había regresado con Noemí, de su bondad y de su belleza. Seguramente le contaron como ella había dejado su tierra natal y se había identificado con el Dios de Israel y con su pueblo. Luego, al conocerla, Booz no podía creer que ella fuera tan maravillosa. Quizá le habían dicho lo mismo en cuanto a muchas otras y por tanto, él no tenía mucha prisa en averiguar si en este caso era verdad, o no. Pero, vemos entonces que ella entró en su campo, él la vio y se enamoró de ella. Booz continuó hablando aquí en el versículo 12 y dijo:

"Que el Señor te recompense por ello, y que recibas tu premio de parte del Señor Dios de Israel, bajo cuyas alas has venido a refugiarte".

Rut había confiado en el Señor. Por tal motivo había tomado la decisión de dejar su tierra de Moab. Había declarado que el Dios de Noemí sería su Dios. Había abandonado la idolatría para confiar en el Dios vivo y verdadero. Era ya una hija de Dios. Booz se dio cuenta de que él solo no podía recompensarla lo suficiente por su obra, y por tanto, oró que ella fuera abundantemente recompensada por el Señor. Ahora veamos lo que Rut dijo aquí en el versículo 13:

"Ella le dijo: Señor mío, me has mostrado tu favor y me has consolado; has hablado al corazón de tu sierva, aunque no soy ni siquiera como una de tus criadas".

Rut aceptó la hospitalidad bondadosa que le fue extendida y reconoció el hecho de que Booz había traído paz a su corazón. Recalcó el hecho de que era extranjera y que no era ni siquiera como una de sus criadas. Pero ella no era como las otras criadas y esa fue la razón por la que Booz se fijó en ella. La belleza física de la joven gentil, junto con su hermoso carácter, hicieron surgir el amor en el corazón de Booz.

Ahora nosotros tenemos un Salvador que nos ama hoy, y nosotros debemos amarle a Él. El apóstol Juan nos dijo en su primera carta capítulo 4, versículo 19 que: "Nosotros le amamos a Él, porque Él nos amó primero".

Queremos que usted vea que en este pequeño libro de Rut tenemos una historia continuada. Rut entró en el campo que pertenecía a Booz para espigar. Al principio dijimos que hay muchísimos que interpretan el episodio de aquel día como resultado de la suerte o la casualidad. Pero en el programa de Dios no hay tal cosa como suerte, ni casualidad, ni accidentes. Como el resto de la historia bien lo ilustra, éste no fue un hecho fortuito, sino el resultado de la dirección de la mano invisible de Dios. Todo esto sucedió según la dirección y la guía de Dios. Éste fue un caso de entre millones de tratos providenciales de Dios en los asuntos diarios de los seres humanos. Dios estaba determinando todos los eventos en la vida de esta extranjera, a fin de que ocupara una posición estratégica y fuera un eslabón importante en la genealogía Bíblica, en la sucesión de las generaciones, como una cadena de color rojo, el rojo de la sangre de la redención, que se extiende a través de todas las Escrituras.

En el análisis final, ningún hecho accidental puede ocurrirle al hijo de Dios. Nada puede pasarle al cristiano sin el permiso de Dios. La suerte, el azar, es eliminado de la vida del hijo de Dios, porque él es como Job del cual Satanás dijo en el capítulo 1 de Job, versículo 10: ¿No le has rodeado de tu protección a él y a su casa y a todo lo que tiene? El cristiano puede levantarse en medio de las vicisitudes angustiosas de la vida y afirmar cual el apóstol Pablo en Romanos 8:28: "Y sabemos que a los que aman a Dios, todas las cosas les ayudan a bien, esto es, a los que conforme a su propósito son llamados".

Creemos que en la actualidad, es importante para cualquier hijo de Dios no esperar hasta que se halle en un punto crítico de la vida para volverse precipitadamente a Dios y vivir cerca de Él. Un cristiano debe caminar con Dios día a día, a fin de que cuando se encuentre en un momento crítico, pueda elegir con serenidad el camino por el que debe andar, el camino que Dios quiere que siga para su propio bien. A veces, cuando una persona llega a un punto crítico, queda como bloqueada, inmovilizada y no sabe que debe hacer. Otros, por el contrario, se dejan guiar por los impulsos momentáneos y toman rápidamente una decisión, como si estuviesen huyendo hacia delante. Pero el hijo de Dios tiene los recursos divinos a su alcance y puede encomendar su camino a Dios y tomar una determinada dirección sintiendo, al mismo tiempo paz. Leamos ahora el versículo 14 de este capítulo 2 de Rut:

"A la hora de comer Booz le dijo: Ven aquí, come del pan, y moja tu bocado en el vinagre. Se sentó ella junto a los segadores, y él le dio del guiso; comió hasta quedar satisfecha y aun sobró".

Booz invitó a Rut a almorzar con él. No fue ningún festín de manjares especiales; pero, fue la comida apropiada para las circunstancias en que se encontraban. Booz era un hombre pudiente, pero comía con sus trabajadores, y así se preocupó de que Rut tuviera lo suficiente para comer. Probablemente, para ella fue la mejor comida que había comido desde hacía mucho tiempo. Leamos ahora los versículos 15 y 16 de este capítulo 2 de Rut:

"Cuando se levantó para seguir espigando, Booz ordenó a sus criados: Que recoja también espigas entre las gavillas, y no la avergoncéis; dejaréis también caer para ella algo de los manojos; dejadlo para que lo recoja, y no la reprendáis".

Los pobres que espigaban en el campo estarían más que dispuestos a situarse donde el grano fuese mejor y podemos comprender que el dueño del campo tenía que mantenerles por detrás y a cierta distancia de sus propios segadores. ¡Imagínese usted, un hombre que es dueño de un campo, diciendo a sus obreros que dejen que una campesina espigue entre las gavillas! Si ella llegaba a donde ellos trillaban y recogía una de las gavillas, no debían decirle ni una sola palabra. Debían dejar que ella la recogiera. Ahora, ¿Qué fue lo que dijo Booz? Les estaba diciendo a sus trabajadores, a sus criados, que observasen a Rut. Si ella espigaba tras ellos, debían dejar caer una gavilla o dos y seguir como si nada hubiera pasado. Debían asegurarse de que ella las recogiera. ¿Sabía usted que lo que él les dijo era conforme a la ley mosaica? Booz conocía bien la Ley e instruyó a sus empleados al respecto. Leemos en Deuteronomio capítulo 24, versículo 19; "Cuando siegues tu mies en tu campo, y olvides alguna gavilla en el campo, no volverás para recogerla; será para el extranjero, el huérfano y la viuda; para que te bendiga el Señor tu Dios en toda la obra de tus manos". Esta fue la manera en que Dios cuidó de los pobres en aquel entonces, y según este versículo Booz recibiría una verdadera bendición del Señor por su manera de tratar a Rut. Leamos ahora los versículos 17 al 19 de este capítulo 2 de Rut:

"Espigó, pues, en el campo hasta la noche, y cuando desgranó lo que había recogido, eran más de veinte kilos de cebada. Los tomó y se fue a la

> *ciudad, y su suegra vio lo que había espigado. Luego sacó también lo que le había sobrado después de haber quedado satisfecha, y se lo dio. Su suegra le preguntó: ¿Dónde has espigado hoy? ¿Dónde has trabajado? ¡Bendito sea el que te ha favorecido! Ella contó a su suegra con quién había trabajado, y añadió: El hombre con quien he trabajado hoy se llama Booz".*

Noemí vio que Rut había espigado mucho más que lo que habría podido obtener una mujer normal trabajando en el campo, en un solo día. Había recogido muchísimo más que lo ordinario, lo cual sorprendió a Noemí. Porque parecía haber sucedido lo que ella creía que nunca pasaría. En otras palabras, alguien se había fijado en Rut. Rut le contó a Noemí como había espigado en el campo de Booz. Francamente, su nombre no significaba nada para Rut. Ella no sabía quién era Booz ni su posición en la comunidad, pero Noemí sí lo sabía. Todo lo que sabía ella era que él se había portado de una manera muy bondadosa con ella. No creemos que a esta altura, tuviera idea de que Booz se había enamorado de ella. Su suegra le había dicho que nadie se fijaría en ella porque era extranjera, y Rut se había mentalizado con respecto a la viudez y a la pobreza perpetua. Recordemos cuando ella le había preguntado a Booz con verdadera sorpresa: ¿Por qué he hallado gracia en tus ojos?

A través de los siglos, desde antes y después de Rut, hombres y mujeres se han visto alcanzados por el amor de Dios. Personas de todas las condiciones, que habían vivido como si Dios no existiera, y que ellas mismas no se estimaban a sí mismas, y estaban profundamente descontentas con su carácter, con su forma de ser, descubrieron con asombro que, a pesar de todo, Dios las amaba. Una de esas personas, el poeta Juan Bautista Cabrera, pensando en la muerte de Jesucristo, lo expresó en un himno, de la siguiente manera:

> *Sé también que aunque soy nada,*

me amas con tan vivo amor

que por mi viertes tu sangre

para ser mi Redentor

¡Y es que me aclara tu luz

El misterio de la cruz!

Rut 2:20-3:2

Continuamos considerando el capítulo 2 de este libro de Rut. Vimos que Rut había regresado a la casa de su suegra Noemí. Ante las preguntas de Noemí sobre dónde había estado trabajando, Rut entonces le contó a su suegra que había estado trabajando en el campo de Booz. Noemí vio que Rut había espigado mucho más que lo que podría una mujer normal trabajando en el campo en un solo día. Había recogido muchísimo más de lo ordinario. Noemí se preguntó entonces si no habría sucedido lo que ella creyó que nunca ocurriría. En otras palabras, si alguien se hubiese fijado en Rut.

El nombre de Booz aún no significaba nada para Rut. Ella no sabía quién era ni sabía nada sobre su posición en la comunidad. Todo lo que sabía era que él se había portado de una manera muy bondadosa con ella. No creemos que a esta altura tuviera idea de que Booz se había enamorado de ella. Su suegra le había dicho que ninguno se fijaría en ella porque era extranjera. Y Rut ya se había mentalizado con respecto a su viudez y su pobreza perpetua. Fue por eso por lo que cuando alguien se fijó en ella, Rut, sorprendida, le preguntó: "¿Por qué he hallado gracia en tus ojos?" Pero ella aún no se había dado cuenta del significado completo de lo que estaba ocurriendo. Comencemos leyendo el versículo 20 de este capítulo 2 de Rut:

"Dijo entonces Noemí a su nuera: ¡Bendito del Señor, pues que no ha negado a los vivos la benevolencia que tuvo para con los que han muerto! Ese hombre es pariente nuestro, uno de los que pueden redimirnos, añadió".

En los tiempos de Rut y Booz, existía lo que era conocida como la ley del pariente-redentor, la ley del *"goel"*, que como mencionamos anteriormente, es una palabra hebrea que significa "el pariente cercano-redentor". Esta ley nos resulta extraña porque no disponemos en la actualidad de ninguna legislación que se corresponda con ella. En este libro vemos como operaba la ley del pariente-redentor y también dos otras leyes que hemos mencionado y que también nos resultan extrañas. Una de ellas era la base que Dios había dispuesto para la atención a los pobres, permitiéndoles que entraran en los campos y viñedos para espigar después que el propietario hubiese enviado una vez a sus segadores. Era una buena provisión para los pobres porque quedaba mucho sin recoger. Ese cuidado de Dios de los necesitados preservaba la dignidad de ellos, dándoles la oportunidad de trabajar por lo que recibían.

Ahora en este libro vemos operar la ley del pariente cercano-redentor, detallada en el capítulo 25 de Levítico, y que operaba en tres áreas diferentes. En relación con la tierra, con los individuos y con las viudas.

Booz estaba relacionado con el marido de Noemí, cuyo nombre era Elimelec (que significaba "Mi Dios es Rey"). Interpretamos que los padres de Elimelec y Booz eran hermanos, lo cual convertía a los hijos en primos y, en consecuencia, podríamos decir también que Booz era primo del primer marido de Rut. Por ello, Noemí le dijo a Rut que Booz era uno de los parientes cercanos que tenían el deber de redimirlas.

Como el énfasis está en el término goel veamos, en primer lugar a esta ley, en relación con la tierra. Dice Levítico 25:23 y 24: 23» La tierra no se venderá a perpetuidad, porque la tierra mía es, y vosotros como forasteros y extranjeros sois para mí. 24Por tanto, en toda tierra de vuestra posesión otorgaréis derecho a rescatar la tierra". Ahora, ¿cómo haría Dios esto? Continuemos leyendo el versículo 25: "25Si tu hermano empobrece y vende algo de su posesión, entonces su pariente más próximo vendrá y rescatará lo que su hermano haya vendido". Ésta, pues, la ley del pariente cercano-redentor en relación con la tierra.

Ahora, veamos esta ley en operación. Cuando este pueblo llegó a la tierra, Dios se la entregó. Pudieron ocuparla en la medida en que fueron fieles a Dios. Cuando fueron infieles, Dios les expulsó. La tierra no debía ser vendida para siempre, es decir, en forma permanente. Dios dijo que había dado aquella tierra a Su pueblo, a los israelitas. Nunca deberían venderla para siempre. Ni tampoco podrían vender la tierra fuera de la familia.

Dios dice que la tierra realmente era de Él, pero que la estaba dando a los israelitas bajo ciertas condiciones que se declaran en Levítico capítulo 25, versículo 24. Dios no sólo dio la tierra a Israel, sino que también puso los límites alrededor de ella. Dio a cada tribu una porción particular de la tierra. En cada tribu, cada familia tenía cierta porción de tierra que era suya. Aquella tierra debía quedar en la familia, y nunca podía salir de la posesión de la familia mientras permanecieran en la tierra prometida.

Ahora, ¿Cómo proveyó Dios a fin de que la tierra quedara dentro de la familia? Bueno, supóngase que a un hombre le pasaran dos o tres años malos por causa de la sequía, tuviera que deshacerse de su propiedad, y tuviera un vecino rico que veía la oportunidad de hacer una hipoteca. Y podía hacerlo por un período máximo de 50 años. Dios lo arregló de tal manera que cada año de jubileo, es decir, cada 50 años, todas las hipotecas eran canceladas, todos los esclavos eran puestos en libertad y toda propiedad se devolvía a su dueño original. La ley hacía posible que la propiedad quedara en familia. Si faltaban cinco años para el jubileo, una persona sería insensata si concedía una hipoteca porque la tierra automáticamente sería devuelta al dueño, fuera pagada la hipoteca, o no.

Ahora, esta ley se aplicaba no solo a la propiedad sino también a las personas. En el capítulo 25 de Levítico, versículos 47 al 49 leemos: "Si el forastero o el extranjero que está contigo se enriqueciere, y tu hermano que está junto a él empobreciere, y se vendiere al forastero o extranjero que está contigo, o alguno de la familia del extranjero; después que se hubiere vendido, podrá ser rescatado; uno de sus hermanos lo rescatará. O su tío o el hijo de su tío lo rescatará, o un pariente cercano de su familia lo rescatará; o si sus medios alcanzaren, él mismo se rescatará". Quizás un hombre tuviera una pobre cosecha y no solamente hubiera perdido su propiedad, pero debido a la sequía o al hambre, sus hijos tenían hambre y él mismo se había vendido como esclavo para alimentar a su familia. Este pobre hombre viviría en la esclavitud hasta el Año del Jubileo. Si aún faltaban 49 años para ese Año, pasaría un largo período como esclavo. Incluso podría morir en la esclavitud. Pero si tuviera un familiar rico, un día podría verle venir por el camino con el dinero para pagar el precio de su esclavitud. En ese caso, su familiar o pariente redentor, al pagar el precio, lo habría redimido y el que había sido esclavo sería puesto en libertad.

El pariente cercano-redentor era una figura del Señor Jesucristo. Él es nuestro pariente-redentor. Por tal motivo en el Nuevo Testamento se usa la palabra redención en vez de expiación. La expiación, todo lo que hacía era cubrir los pecados. Pero la redención, significa el pago de un precio para que el que ha sido redimido por ese precio, pudiera salir en libertad sin recibir ningún castigo. Los seres humanos fuimos vendidos al pecado. Somos siervos del pecado, según nos dice la Palabra de Dios. Pero, Cristo pagó el precio de nuestro pecado al morir en la cruz. Ahora Cristo no solo murió para redimirnos a nosotros, sino también para redimir a esta tierra. Usted y yo viviremos en una tierra que está bajo la maldición del pecado. Algún día será liberada de la esclavitud de la corrupción, y entonces habrá un nuevo cielo y una nueva tierra. Esta es también una parte de la redención divina. En el capítulo 8 de su carta a los Romanos, versículo 22, el apóstol Pablo dijo: "Porque sabemos que toda la creación gime a una, y a una está con dolores de parto hasta ahora". Dios sabía todo en cuanto a la contaminación, mucho antes de que esta generación sagaz supiera algo de ella. Vivimos en un mundo que tiene una maldición sobre él. ¿Cuándo nos libraremos de la contaminación espiritual, que ha contaminado a los seres humanos alejándoles de Dios, y que también ha ocasionado una contaminación de la naturaleza y del medio ambiente que nos rodea? Tenemos un pariente-redentor. Él ya ha pagado el precio de nuestra redención, y uno de estos días vendrá otra vez. Levantará la maldición de la tierra y el desierto florecerá nuevamente, y Él librará a todos aquellos que han confiado en Él.

Por ello hemos dicho que este libro revela el aspecto del amor en la redención. Ahora, había aquí un hombre que era un pariente cercano-redentor, pero él no tenía que actuar en esa capacidad. Más adelante encontraremos que había otro pariente más cercano que Booz y que tendría la oportunidad de actuar como tal, pero rehusaría hacerse cargo de Rut. Pero Booz la amaba y eso cambiaría las cosas. En el caso de Dios, Él no tenía por qué redimirnos. Éramos pecadores perdidos. Si no nos hubiera redimido, aun habría continuado siendo un Dios justo y santo. Pero Él nos amó. Y así es que la salvación por redención es una historia de amor. Y en este libro nos ha sido contada en un lenguaje sencillo, ilustrada por medio de esta joven extranjera del pueblo de Moab y por Booz, en la tierra de Israel. Ahora, veamos lo que Rut continuó contándole a Noemí, leyendo los versículos 21 al 23 de este capítulo 2 de Rut:

"Rut la moabita siguió diciendo: Además de esto me pidió: Quédate con mis criadas, hasta que hayan acabado toda mi cosecha. Respondió Noemí a su nuera Rut: Mejor es, hija mía, que salgas con sus criadas, y que no te encuentren en otro campo. Estuvo espigando, pues, junto con las criadas de Booz, hasta que se acabó la cosecha de la cebada y la del trigo. Y mientras, seguía viviendo con su suegra".

Noemí había perdido su propiedad. Al parecer, faltaba mucho tiempo para el año de jubileo. Y aquí estaban dos viudas muy pobres, y necesitaban a alguien para redimirles su propiedad. No habían sido vendidas en esclavitud, pero sus circunstancias no eran favorables.

Esta cosecha duraría aún unas seis semanas. Durante ese tiempo, cada tarde, Booz y Rut serían vistos juntos caminando hacia Belén. El hecho era que Booz la amaba y estaba dispuesto a redimirla. Pensando ya en nosotros, diremos que es maravilloso que hayamos tenido un Salvador que nos amó, que vino a esta tierra hace más de dos mil años para redimirnos. Y aquí concluye el capítulo 2 de este libro de Rut. Llegamos ahora a

Rut 3:1-2

El tema de este capítulo podría llevar el siguiente título: En la era de Booz. Era obvio que Rut no estaba reclamando sus derechos y entonces Noemí tomó la iniciativa. Para entender lo que ocurrió en este capítulo es necesario comprender la tercera de las leyes de Moisés que encontramos en estos pasajes y que resulta tan extraña para nosotros. Ya hemos mencionado dos de estas leyes y ahora podemos ver la tercera. También es esencial entender lo que significaba la era en aquella época.

Leamos pues en el Deuteronomio 25:5 al 9: "Si dos hermanos habitan juntos y uno de ellos muere sin tener hijos, la mujer del muerto no se casará fuera de la familia, con un hombre extraño; su cuñado se llegará a ella, y restableciendo con ella el parentesco, la tomará como su mujer. El primogénito que ella dé a luz llevará el nombre de su hermano muerto, para que el nombre de este no sea borrado de Israel. Pero si el hombre no quiere tomarla por mujer, irá entonces su cuñada a la puerta donde están los ancianos, y dirá: "Mi cuñado no quiere perpetuar el nombre de su hermano en Israel, no quiere emparentar conmigo". Entonces los ancianos de aquella ciudad lo harán venir, y hablarán con él. Y si él se levanta y dice: "No quiero tomarla", 9se acercará entonces su cuñada a él delante de los ancianos, le quitará el calzado del pie, le escupirá en el rostro y dirá estas palabras: "Así se hace con el hombre que no quiere edificar la casa de su hermano".

Así que podemos ver que esta ley colocaba a una viuda sin hijos en una situación muy peculiar. Podía reclamar a uno de los hermanos del fallecido; esa era su responsabilidad con respecto a su marido muerto. Francamente, podemos entender que esa ley unía realmente a las familias de aquellos tiempos, haciendo que, ante una boda, cada miembro estuviera pendiente de la situación en que podía verse implicado en el futuro.

Esta ley era una provisión de Dios. Y había aquí dos objetivos evidentes. El primero fue que Dios quiso proteger a las mujeres. Podemos imaginar los problemas de una mujer cuyo marido muriese dejándola con una granja, viñedos y un rebaño de ovejas. Entonces ella podía reclamar inmediatamente a un hermano del fallecido o al pariente más cercano y éste tendría que tomar una decisión. Algunos han sostenido que la Biblia fue un libro escrito pensando en los hombres. Quienes así opinan no la han leído con atención. En pasajes como éste, uno se pregunta qué opciones le quedaban al hombre para hacer frente a esas reclamaciones.

El segundo objetivo de esta ley fue que Dios quiso proteger los derechos de la tierra. Dios no solo le dio a la nación de Israel la tierra de Palestina. Y no solo le entregó a cada tribu una sección particular de esa tierra, sino que también le dio a cada familia, individualmente, una parcela de terreno. Cada familia tenía, pues, su propia porción de tierra. Como hemos visto, una familia podía perder su tierra. Pero en el Año del Jubileo ésta retornaría automáticamente al propietario original. Sin embargo, podía darse el caso de que una viuda se casase con un extranjero, quien así podría adquirir la propiedad de la finca. Pero con esta ley, Dios protegió la propiedad familiar, haciendo que el pariente más próximo se casase con la viuda para hacer posible que la titularidad de la propiedad quedase en la nación, en la tribu y en la familia. A nosotros nos parecerá una ley extraña, pero aparentemente funcionó en aquella sociedad.

En el caso de Rut, ella era una viuda sin hijos y la propiedad que había pertenecido a su marido se había perdido porque Noemí, su suegra, era muy pobre. Ella tenía derecho a reclamar ante Booz, quien era su pariente cercano. Como Noemí ya le había indicado, era su pariente redentor. Pero Booz estaba pasando un mal rato porque tenía las manos atadas. Resulta que no podía tomar por esposa a Rut. Era ésta la que tenía que reclamarle a él que se convirtiera en su esposo. Un poco más adelante descubriremos que había otro pariente más cercano que Booz, a quien Rut podría optar si así lo deseara. Booz no sabía a quién reclamaría ella y tendría que esperar a ver qué decidía Rut. Entonces Noemí tomó la iniciativa y le dijo a Rut: "Tienes que decirle a este hombre que tú le quieres como pariente redentor".

Veremos ahora un procedimiento bastante extraño y para entenderlo, debemos entender qué significaba la era o lugar donde se trillaba la cosecha en aquellos tiempos. Como ellos eran un pueblo agricultor, muchas de las leyes fueron hechas específicamente para la agricultura. El sistema legal de Moisés no era sólo para los israelitas sino también para la tierra que conocemos hoy como Palestina. La ley que aquí vemos se relaciona pues con la era y las prácticas de aquel tiempo. La era estaba normalmente situada en la parte más alta de la montaña para que el viento pudiera arrebatar mejor la paja menuda, el polvo y otros restos. En cambio, el lagar, o lugar donde se exprimía el jugo de la uva, estaba situado en la parte baja de una colina, porque resultaba más fácil traer las uvas allí que hacia arriba en la montaña. (Recordemos aquí que el lagar era donde el juez Gedeón había estado trillando el grano: lo hizo allí abajo, en vez de ir arriba, al lugar adecuado, porque se estaba escondiendo de los madianitas). Volviendo a la era, después de que el grano fuera cortado era traído a la era. El aventamiento del grano comenzaba por la tarde. Todas las familias que trabajaban en cierto campo; el dueño, su familia, y sus siervos, acampaban alrededor de la era. En aquella tierra, el viento empezaba a soplar en las horas de la tarde. Por la mañana, no había brisa alguna. Pero en la tarde el viento comenzaba a soplar y se llevaba la paja menuda, el polvo y la arena por todas partes. Luego, a la puesta del sol o durante la noche, el viento dejaba de soplar. Al concluir esta labor, celebraban una gran fiesta. Una fiesta mayormente religiosa. Al finalizar la fiesta, los hombres se recostaban para dormir alrededor del grano. Como la era tenía una forma circular, colocaban sus cabezas cerca del grano y sus pies sobresalían hacia fuera como los radios de una rueda. Descansaban de esa manera para proteger el grano de merodeadores o ladrones. Era aquel un tiempo de fiesta y agradecimiento a Dios por una cosecha abundante. Algunas fiestas de Israel, como la de las primicias e incluso Pentecostés, estaban relacionadas con este lugar, es decir, con la era. Podemos imaginarles allí por la noche, mirando al cielo y cantando salmos como alabanza a Dios por Su provisión. Con una comprensión general de la ley del pariente cercano redentor y visualizando la escena en la era, continuemos ahora leyendo el versículo 1 de este capítulo 3 de Rut:

"Un día le dijo su suegra Noemí: Hija mía, ¿no debo buscarte un hogar para que te vaya bien?"

Así fue como, después de observar durante unas seis semanas como evolucionaba la relación entre Rut y Booz, Noemí decidió hacerse cargo de la situación y habló con franqueza con ella para que pudiera disfrutar del descanso de un hogar feliz. Recordemos que al comienzo de esta historia, en la tierra de Moab, ella había tomado la misma iniciativa con cada una de sus nueras, para que éstas constituyesen una familia. Ahora, estaba haciendo lo mismo con Rut. Continuemos leyendo el versículo 2:

"¿No es Booz nuestro pariente, con cuyas criadas has estado? Esta noche él avienta la parva de las cebadas".

Según la ley mosaica, Rut debía hacer saber a Booz que ella quería que él fuera su pariente-redentor. Esta ley se menciona en el libro de Deuteronomio y había sido formulada de acuerdo con la cultura, y de las costumbres de aquel entonces. Y fue en base a esta ley que Noemí le pidió a Rut que actuase.

Recordamos que la redención significa el pago de un precio para que el que ha sido redimido por ese precio, pudiera salir en libertad sin recibir ningún castigo. Los seres humanos fuimos vendidos al pecado. Somos siervos del pecado, según nos dice la Palabra de Dios. Pero, Cristo pagó el precio de nuestro pecado al morir en la cruz. En una época de ideas llamadas progresistas, los seres humanos se resisten a reconocer la realidad de la esclavitud que el pecado ha traído a la humanidad. Sucedió lo mismo en los tiempos de Jesús. Según nos relató el Evangelista Juan 8, un día Jesús les dijo a los judíos: "conoceréis la verdad, y la verdad os hará libres". Ante esta afirmación, ellos reaccionaron rápidamente y respondieron: "Somos descendientes de Abraham y jamás hemos sido esclavos de nadie. ¿Cómo dices tú "Seréis libres"? La respuesta de Jesucristo ante aquella pregunta, es válida para hoy y, se la recordamos para que usted la reciba como una invitación personal de Dios, porque con tal propósito fue registrada en Su Palabra. Dijo Jesús en aquella ocasión: "Todo aquel que practica el pecado, esclavo es del pecado" Y añadió Jesús hablando de sí mismo: "Si el Hijo os liberta, seréis verdaderamente libres".

Rut 3:3-18

Anteriormente vimos que Noemí le dijo a Rut que fuese a la era de Booz, es decir, al lugar donde quebraban los granos de la cosecha y separaban el grano de la paja, y le pidiera que fuese su pariente-redentor. Como ya vimos en nuestro estudio del libro de los Jueces en el caso de Gedeón, la era quedaba en la parte más alta de la colina.

La era se instalaba por costumbre en la parte más alta de la colina para que el viento pudiera soplar a través de ella desde cualquier dirección. Ahora el aventamiento del grano se empezaba por la tarde. Todas las familias que trabajaban en determinado campo, el dueño, su familia y sus siervos, acampaban alrededor de la era. En aquella tierra el viento comenzaba a soplar en las horas de la tarde y los hombres comenzaban a trabajar. Por la mañana no había brisa alguna, pero en la tarde, el viento empezaba a soplar y se llevaba el polvo y la arena por todas partes. Luego a la puesta del sol, o durante la noche, el viento dejaba de soplar.

Luego al concluir esta labor celebraban una gran fiesta, una fiesta mayormente religiosa. Muchos de los hermosos Salmos acerca de la naturaleza serían apropiados para esta fiesta de la era como, por ejemplo el Salmo 19, versículos 1 y 2 que dicen: "Los cielos cuentan la gloria de Dios, y el firmamento anuncia la obra de sus manos. Un día emite palabra a otro día, y una noche a otra noche declara sabiduría". Allí estaban bajo la capa del cielo, bajo el sol de día, y bajo la luna y las estrellas de la noche. Así se celebraba la fiesta en la era en los tiempos de Rut y Booz. Era un tiempo para comer y beber, y para dar gracias a Dios por una cosecha abundante. Era una ocasión para darle gracias a Dios por Su bondad y por Su gracia. Y esto es algo que hoy en día realmente no hacemos lo suficiente. Noemí continuó hablando con Rut y le dijo aquí en el versículo 3 de este capítulo 3:

"Te lavarás, pues, te perfumarás, te pondrás tu mejor vestido, e irás a la era; pero no te presentarás al hombre hasta que él haya acabado de comer y de beber".

Noemí le dijo a Rut que esperase hasta que hubiera terminado la fiesta religiosa y la instruyó para que le dijera a Booz que ella quería que él fuese su pariente-redentor. Hasta este momento Rut no había hecho nada al respecto. Había cuatro cosas que Rut debía hacer. Creo que estas instrucciones constituyen una figura del pecador que viene a Cristo. Porque hay cuatro pasos que son esenciales para el pecador. En primer lugar, Rut debía "lavarse". Cuando llegamos al Señor Jesucristo para recibir la salvación, según lo expresó el apóstol Pablo en su carta a Tito capítulo 3, versículo 5: "Él nos salvó, no por obras de justicia que nosotros hubiéramos hecho, sino por su misericordia, por el lavamiento de la regeneración y por la renovación en el Espíritu Santo". Tenía que ser así porque en Isaías capítulo 64, versículo 6 leemos que: "...todas nuestras justicias son como trapo de inmundicia". Por tal motivo, el Señor le dijo a aquel fariseo llamado Nicodemo que, por más que el fuese un hombre bueno y religioso, y realmente lo era, necesitaba un baño espiritual, es decir, el lavamiento de la regeneración. Por eso el Señor también le dijo, en Juan 3:7, "Os es necesario nacer de nuevo". Se trata de experimentar un nuevo nacimiento espiritual. De otra manera, no se podrá entrar al cielo. Nadie puede salvarse sin convertirse en una nueva criatura unida a Jesucristo. Ninguno de nosotros está preparado para entrar en el cielo hasta que hemos experimentado ese nuevo nacimiento y hemos sido regenerados por el Espíritu Santo. Volviendo al relato, a Rut se le dijo que como había estado trabajando duramente en el campo, tenía que lavarse.

En segundo lugar, Rut debía "ungirse". Después de la muerte de su primer marido, suponemos que Rut habrá utilizado vestidos de luto y no habrá hecho ningún esfuerzo por aparecer atractiva. Pero ahora Noemí era consciente de que alguien estaba interesado en Rut, y le dijo que se perfumase. Ahora, esto también se corresponde con nuestra experiencia cristiana. Cuando nos convertimos en hijos de Dios, somos como niños. Pero también se espera que crezcamos que alcancemos el desarrollo pleno en el cual podremos comprender la verdad divina. Y al creyente se le dice algo sobre la unción que él ha recibido. Los creyentes tenemos una unción del espíritu Santo. Y esto habla de la unción del Espíritu Santo. El apóstol Juan, el apóstol del amor, dijo en su primera carta, capítulo 2, versículo 20: "Vosotros tenéis la unción del Santo y conocéis todas las cosas". Es decir, que el Espíritu de Dios es el que puede enseñarnos toda la verdad y todos necesitamos recibir esa enseñanza del Espíritu de Dios. Esa es la única manera en que podamos entender lo que necesitamos saber hoy de la Palabra de Dios. Uno no puede acercarse a este libro, la Biblia, solamente con el intelecto humano y esperar comprenderlo. Con el intelecto humano podríamos entender los hechos y ciertas verdades intelectuales; pero solo el Espíritu de Dios nos puede enseñar las verdades espirituales. Si vamos a comprender la Palabra de Dios, nuestros ojos necesitan ser ungidos por el Espíritu de Dios a fin de que veamos la verdad. El apóstol Pablo dijo en su primera carta a los Corintios capítulo 2, versículos 9 y 10: "Antes bien, como está escrito: Cosas que ojo no vio, ni oído oyó, ni han subido al corazón del hombre, son las que Dios ha preparado para los que le aman. Pero Dios nos las reveló a nosotros por el Espíritu; porque el Espíritu todo lo escudriña, aun lo profundo de Dios". Es preciso reconocer que cuando hemos experimentado el nuevo nacimiento espiritual, se nos ha dado una unción del Espíritu de Dios. Ello no quiere decir que uno prescinda del aprendizaje ni de los maestros humanos. Todos nos hemos beneficiado de todo lo que nos ha sido legado por devotos maestros del pasado, y de personas cualificadas y enseñadas por el Espíritu de Dios. Por supuesto que Dios ha dado maestros a la iglesia actual. Pero ni ellos, ni toda la riqueza didáctica del pasado pueden iluminarnos a menos que el Espíritu de Dios sea el maestro. Así pues, en cuanto a nuestro relato, hemos visto que el segundo paso que tendría que dar Rut era importante. Primero tenía que lavarse y después ungirse con perfume.

Bien, en tercer lugar, Noemí le dijo a Rut: "Ponte tu mejor vestido". En otras palabras, debía quitarse esa ropa de luto que llevaba y ponerse un vestido de fiesta. Noemí le dijo: "Rut ponte un vestido como los que te gustaba ponerte cuando tú y mi hijo salíais de noche para asistir a un evento social. Si Booz se ha enamorado de ti mientras has llevado aquella ropa de luto, mucho más le agradará verte con un traje bonito". Este es el tercer paso para el creyente. Cuando vinimos a Cristo y le aceptamos como Salvador, se nos dijo que Él se convertía en nuestra justicia. No sólo quitó nuestros pecados, no sólo nos regeneró convirtiéndonos en hijos de Dios, pero nos impartió, nos traspasó Su propia justicia, porque nosotros no tenemos ninguna justicia propia. En realidad, se puede hablar de un manto de justicia, con el cual el reviste a todos los que Él salva.

El apóstol Pablo habló en sus cartas sobre la justicia de Cristo. Él aclaró que es sólo mediante el creer en Cristo que uno recibe esta justicia. En su carta a los Filipenses capítulo 3, versículo 9, dijo: "…no teniendo mi propia justicia, que se basa en la ley, sino la que se adquiere por la fe de Cristo, la justicia que procede de Dios y se basa en la fe". Y en su carta a los Romanos capítulo 3, versículo 22, habló de "la justicia de Dios por medio de la fe en Jesucristo, para todos los que creen en Él, porque no hay diferencia, por cuanto todos pecaron y están destituidos de la gloria de Dios". Cristo cubre como con un manto al pecador que cree en Él, de manera que Dios nos ve unidos a Cristo, y Su justicia se convierte en nuestra justicia.

Por último, la cuarta cosa que Noemí le aconsejó a Rut que hiciera, fue que se dirigiera a la era y le dijera a Booz que quería tenerle a él como su pariente- redentor.

Aquí pues estamos en la era. Una de las leyes extrañas de aquel entonces hacía necesario que Rut se declarara a Booz. Aunque era muy obvio que él estaba enamorado de ella, él se hallaba en una posición difícil. Ella era viuda. Ella debía pedirle que fuera su pariente-redentor. Por muchas semanas Booz había estado caminando por los campos con Rut. Se contuvo lo mejor que pudo, sin declararse a Rut porque sucedía que había otro pariente más próximo que Booz. Booz pues tenía que esperar hasta que Rut diera algún indicio de que ella misma quería que él fuese su pariente-redentor.

Noemí pues, instruyó a Rut que fuera a la era y que le dijera a Booz cuáles eran sus intenciones. Pero, Noemí le amonestó a que no dijera nada hasta que él terminara de comer y de beber. En otras palabras, no debía interrumpir su trabajo hasta que hubiera terminado el día. No debía interrumpir la celebración de acción de gracias a Dios por haberles dado una cosecha abundante. Noemí continuó hablando aquí en el versículo 4 y dijo:

"Cuando se acueste, fíjate en qué lugar se acuesta, ve, descubre sus pies, y acuéstate allí; él mismo te dirá lo que debas hacer".

Éste cuarto paso es muy importante. Es el paso que cada pecador debiera dar. Muchas personas han asistido a iglesias, e incluso habrán solicitado su membresía en alguna iglesia. Pero nunca han recibido al Señor Jesucristo como su Salvador. Figurativamente hablando, nunca han ido a la era, como Rut, para reclamarle como su Redentor. ¿Le ha pedido usted alguna vez a Cristo que Él sea su Salvador? La fe, debe ser activa, y no una fe que se ejercita desde fuera, como un asentimiento de cabeza desde la distancia. Debe ser una fe activa que hace que el pecador reclame a Jesucristo como su Redentor. Se trata de un regalo. Como dijera San Pablo en Romanos 6:23, "El don de Dios es vida eterna en unión de Cristo Jesús, nuestro Señor".

Bajo la ley Mosaica, Rut no sólo tenía derecho a reclamar a Booz como su pariente-Redentor, sino que tenía que tomar la iniciativa de reclamarle como tal. El incidente que estaba teniendo lugar formaba parte de la cadena generacional que haría posible la venida de Jesucristo a esta tierra, naciendo en Belén, donde precisamente estaban ocurriendo estos eventos descritos en el libro de Rut. Por lo tanto y como hemos leído, Rut fue instruida por Noemí para tomar esa iniciativa.

Los hombres de aquel entonces se acostaban como radios de una rueda, alrededor de la era para proteger el grano de algún merodeador que pudiera tratar de robarse el grano durante la noche. Cada hombre se acostaba con su cabeza hacia el grano. Noemí pues le dijo a Rut que ella debía ir al lugar donde Booz se había acostado y acostarse a sus pies. Allí debía extender el borde del manto de Booz sobre ella, para que él supiera que ella buscaba refugio y protección. Ahora, esto era una manera simbólica y humilde de decirle a Booz que ella estaba dispuesta a aceptarle como su *goel* o sea, su pariente-redentor, para tomar el lugar de Mahlón su primer esposo. Rut actuó según la sugerencia de Noemí; fue una manera discreta y humilde de proceder. Y veremos que así lo interpretaría. Leamos ahora los versículos 4 al 6:

> *"Cuando se acueste, fíjate en qué lugar se acuesta, ve, descubre sus pies, y acuéstate allí; él mismo te dirá lo que debas hacer. Rut respondió: Haré todo lo que tú me mandes. Descendió, pues, al campo, e hizo todo lo que su suegra le había mandado".*

Noemí no le estaba aconsejando a Rut que hiciese alguna cosa impropia. Por una parte, ella iba a reclamarle como redentor y por otra, la era o lugar donde se trillaba el grano de la cosecha, era un lugar público, donde los segadores se encontraban reunidos con sus familias. Noemí le dijo que una vez que hubiesen terminado el trabajo de la tarde y hubieran cenado, y tenido su tiempo de alabar a Dios en un servicio religioso, él, como los demás segadores se acostaría con su cabeza junto al grano y sus pies hacia fuera, formando como un círculo con sus compañeros. Le aconsejó que en ese momento, que ella se acostase junto a los pies de Booz y levantase su manto destapándole los pies. Luego, él le diría lo que ella tendría que hacer. Continuemos leyendo el relato en los versículos 7 y 8 de este capítulo 3 de Rut:

"Cuando Booz hubo comido y bebido, y su corazón estaba contento, se retiró a dormir a un lado del montón. Un rato más tarde vino ella calladamente, le descubrió los pies y se acostó. A la medianoche se estremeció aquel hombre, se dio vuelta, y descubrió que una mujer estaba acostada a sus pies".

Rut obedeció todo mandato e instrucción de Noemí. Y a la media noche, Booz debió sentir frío porque no estaba cubierto por su manto. Se sentó y descubrió que alguien estaba acostado a sus pies y al fijarse más detenidamente, descubrió que era una mujer. En la oscuridad, él le preguntó su identidad. Y la contestación de Rut fue notable. Leamos el versículo 9 de este capítulo 3 de Rut:

"Entonces dijo: ¿Quién eres? Ella respondió: Soy Rut, tu sierva; extiende el borde de tu capa sobre tu sierva, por cuanto eres pariente cercano".

Ésta fue una de las escenas más hermosas de la Palabra de Dios. Aquí estaba este hombre de guerra, hombre bueno y valiente, un hombre rico. Y también estaba aquí la bella mujer de Moab, quien se hallaba desvalida y muy pobre. Y ella le pidió que él fuera su pariente-redentor. Leamos el versículo 10:

"Dijo Booz: El Señor te bendiga, hija mía; tu segunda bondad ha sido mayor que la primera, pues no has ido en busca de algún joven, pobre o rico".

En lugar de actuar como permitía la ley de Moisés, llevando a Booz ante los jueces, llamando a los ancianos de la ciudad para obligarle a cumplir su deber como goel, es decir, como pariente-redentor, Rut callada y discretamente le dio una oportunidad para rechazar o aceptar esa función. No le habrían puesto en aprietos públicamente, ni le habrían obligado legalmente a hacer lo que no tenía en mente ni en su corazón para hacer. Pero, Noemí y Rut tenían todos los indicios como para creer que él sólo estaba esperando poder actuar como goel o sea como pariente-redentor, cuando se presentara la oportunidad. Y la respuesta de Booz así lo confirmó. En cuanto a nosotros, demos gracias a Dios que tenemos un Salvador y nuestra relación con Él es también una historia de amor. Porque Él se entregó a sí mismo a la muerte en la cruz para poder redimirnos. Continuemos leyendo ahora en el versículo 11, las palabras de Booz:

"Ahora, pues, no temas, hija mía; haré contigo como tú digas, pues toda la gente de mi pueblo sabe que eres mujer virtuosa".

Observemos la reputación de esta joven extranjera, que en circunstancias normales, habría sido una paria en Belén, porque la ley de Moisés no admitía la presencia de una Moabita. A ella se le había dicho que una Moabita o Amonita no podría entrar en la congregación del Señor. Su suegra Noemí ya le había advertido que no había posibilidades de que ella se casara y Rut había aceptado esa situación. Imagino que la gente del pueblo la habrá observado cuidadosamente cuando llegó por primera vez. Pero ya vemos la buena fama que logró alcanzar. Pero Booz continuó hablando. Leamos el versículo 12 de este capítulo 3 de Rut:

"Aunque es cierto que soy pariente cercano, hay un pariente más cercano que yo".

¿Cómo lo supo? Seguramente ya lo había investigado, porque en el mismo momento en que Rut le manifestó su deseo, estuvo listo para actuar. Pero al haber un pariente más cercano que él, se veía impedido para aceptar el pedido de Rut.

Incluso era posible que el otro pariente cercano fuera un hombre más rico que Booz y éste habrá pensado en la posibilidad de que Rut prefiriese ser redimida por ese otro pariente. Así que seguramente habrá esperado con ansiedad el momento en que Rut se dirigiese a él pidiéndole que la redimiese. Y así quedaron planteadas las cosas. Creemos que el otro pariente habrá sido un hermano de Elimelec, un tío del primer marido de Rut, mientras que Booz era probablemente un primo de su primer marido. Por ello, después de mostrarse dispuesto a redimirla, le dijo que habría que contar con la opinión del otro pariente más cercano que él mismo. Leamos el resto de su declaración en el versículo 13:

"Pasa aquí la noche, y cuando sea de día, si él te redime, bien, que te redima; pero si no quiere redimirte, yo te redimiré. El Señor es testigo. Descansa, pues, hasta la mañana".

En otras palabras, Booz no estaba seguro de lo que haría si el otro hombre quería actuar como pariente-redentor. Pero tenía un plan a seguir, según el cual esperaba prevalecer sobre el otro pariente cercano. Observemos como enfatizó la expresión "redimir", que proviene del término hebreo "goel", que equivale a pariente-redentor. Booz le pidió a Rut que se quedase allí por la noche y no regresase a Belén debido a la oscuridad. En el período de los jueces la gente no viajaba por los caminos principales porque estos no eran seguros. Continuemos leyendo el versículo 14 de este capítulo 3 de Rut:

"Después que durmió a sus pies hasta la mañana, se levantó Rut antes que los hombres pudieran reconocerse unos a otros; porque Booz había dicho: Que no se sepa que una mujer ha venido al campo".

Vemos que Booz no quiso que el otro pariente se enterase de lo sucedido, porque si ese otro pariente tenía alguna idea de reclamar a Rut como esposa, el conocimiento de este encuentro podría descalificar a Booz inmediatamente. Por ello, quiso llevar este caso con discreción. Dicen los versículos 15 y 16:

"Después él le pidió: Quítate el manto con que te cubres y sujétalo bien. Mientras ella lo sujetaba, midió Booz más de cuarenta kilos de cebada y se las puso encima. Entonces ella se fue a la ciudad. Cuando llegó a casa de su suegra, ésta le preguntó: ¿Qué hay, hija mía? Rut le contó todo cuanto le había ocurrido con aquel hombre"

Quizás Rut había sido reacia a tomar la iniciativa por las pocas expectativas que había tenido al llegar como extranjera a esa tierra. Quizás Noemí tuvo que insistirle y asegurarle que se daba cuenta que él la amaba y querría casarse con ella. Es comprensible que la esperara ansiosamente, para comprobar cómo le había ido. Leamos la respuesta de Rut en los versículos 17 y 18 de este capítulo 3 de este libro de Rut:

"y añadió: Me dio estas seis medidas de cebada, y me dijo: Para que no vuelvas a la casa de tu suegra con las manos vacías. Entonces Noemí dijo: Espérate, hija mía, hasta que sepas cómo se resuelve esto; porque aquel hombre no descansará hasta que concluya el asunto hoy".

Rut tendría que limitarse a esperar a que Booz actuase, porque la redención estaría a cargo de él. Trasladando esta historia a su aplicación espiritual para nuestro tiempo, diremos que es maravilloso tener un Salvador en quien usted puede esperar y descansar, sabiendo que Él es su Redentor. Él ha llevado a cabo toda la obra de la redención. Usted y yo hemos sido invitados a entrar en este descanso, en este reposo de la redención, sabiendo que la redención ya ha sido lograda. Recordemos que en el Evangelio de Juan 17:4, en su gran oración sacerdotal, Jesús le dijo a Su Padre: "He acabado la obra que me diste que hiciera". Ahora, esa obra era la obra de la redención en la cruz. Cuando Él estaba colgado en aquella cruz, recordemos que pronunció, justo antes de morir, aquella gran declaración que podemos leer en Juan 19:30: "Consumado es" o, dicho en otras palabras "Todo está cumplido" En aquel momento su redención, y la mía fueron consumadas. Jesús pagó el castigo por su pecado y el mío, hasta tal punto que ni usted, ni yo, ni nadie, puede añadir nada, ni necesita hacerlo, para conseguir esa salvación. Él ya lo ha hecho todo.

Rut 4:1-22

Llegamos en nuestro estudio al capítulo 4 de Rut. Podría titularse, "En el corazón y hogar de Booz". Rut había recorrido todo el camino desde la tierra de Moab, hasta llegar al corazón y hogar de Booz. De la misma manera, nosotros que espiritualmente hablando éramos extranjeros, alejados de Dios y sin ninguna esperanza en este mundo, fuimos hechos cercanos por medio de la sangre de Cristo derramada en la cruz. Y hoy estamos en la familia de Dios; y en Su corazón. Y algún día nos encontraremos en Su hogar.

En el capítulo anterior vimos las acciones de Rut y Noemí. Ahora le tocaba actuar a Booz. Como Rut ya le había reclamado como pariente-redentor, ahora era libre para actuar. De modo que en este capítulo veremos los pasos que dio Booz. Comencemos pues leyendo el versículo 1 de este capítulo 4 de Rut:

"Más tarde, Booz subió a la entrada del pueblo y se sentó allí; en ese momento pasaba aquel pariente de quien Booz había hablado. Eh, fulano, le dijo Booz, ven acá y siéntate. Y éste fue y se sentó".

El primer acto de Booz fue salir temprano aquella mañana a la puerta de la ciudad, lugar donde se administraba la justicia, y se apostó en un lugar visible para poder llamar al otro pariente cercano, cuando éste saliera de la ciudad hacia sus campos para segar, o entrase a la ciudad desde la era. Booz esperó ansiosamente su llegada para poder resolver este asunto.

Y dentro de poco, aquel pariente pasó y Booz lo saludó como si no conociera su nombre. Dice: "Eh, fulano, ven acá y siéntate". Ahora, no había duda de que Booz conocía su nombre, pero el motivo por el cual su nombre no fue mencionado, no se nos revela.

Cuando este pariente anónimo vino y se sentó, Booz ya estaba preparado para arreglar en seguida y de una vez, esta cuestión en cuanto a Rut. Continuemos leyendo el versículo 2:

"Entonces Booz llamó a diez varones de los ancianos de la ciudad, y les dijo: Sentaos aquí. Cuando ellos se sentaron..."

Diez ancianos de la ciudad fueron escogidos para servir de testigos, y quizá como un tipo de Consejo o Tribunal Supremo. Dice el versículo 3:

"Cuando ellos se sentaron, dijo al pariente: Noemí, que ha vuelto del campo de Moab, vende una parte de las tierras que tuvo nuestro hermano Elimelec".

Observemos la estrategia de Booz. Aunque estaba primordialmente interesado en Rut, al principio, ni siquiera la mencionó. Simplemente mencionó que estaba en cuestión una porción de tierra. Ya hemos visto que la ley de la propiedad implicaba a un pariente cercano-redentor. Esta ley se pondría en vigor cuando la propiedad de una persona podía caer en otras manos por variadas circunstancias. En el caso de Noemí, ella y su familia habían salido de Israel por causa de la hambruna y al regresar, no tenía nada. No podía recuperar su propiedad. Tendría que haber esperado hasta el Año del Jubileo que, suponemos, aún se hallaba lejano. Pero ¿qué sucedería ahora? ¿Aparecería un pariente-redentor? Booz estaba llamando la atención de este otro pariente, no a la persona de Rut, sino a la propiedad que había pertenecido a Elimelec. Quería saber si este otro pariente redimiría la propiedad. Era un paso lógico. La propiedad tenía que ser redimida antes que una persona pudiera ser redimida. Leamos en el versículo 4 lo que dijo Booz:

"Y yo decidí hacértelo saber y decirte que la compres en presencia de los que están aquí sentados, y de los ancianos de mi pueblo. Si quieres redimir la tierra, redímela; y si no quieres redimirla, decláramelo para que yo lo

sepa, pues no hay otro que redima sino tú, y yo después de ti. Yo la redimiré respondió el pariente".

En otras palabras, Booz le dio a ese hombre la prioridad que le correspondía. ¿Querría este hombre ser el redentor? ¿Redimiría él la propiedad para que ésta fuese entregada a Noemí antes del Año del Jubileo? Lo interesante fue que este hombre respondió que sí. Que la redimiría. Aparentemente, era un hombre generoso que estaba dispuesto a desempeñar el papel de redentor. Si se hubiera negado, podría haber sido criticado y hubiera quedado socialmente desacreditado. Imaginemos el impacto que esta respuesta le debió causar a Booz. Pero no se dio por vencido. Estaba preparado para esa eventualidad y se dispuso a expresar que en este caso había más implicaciones que una simple propiedad de tierra. Leamos el versículo 5:

"Entonces replicó Booz: El mismo día que compres las tierras de manos de Noemí, debes tomar también a Rut la moabita, mujer del difunto, para que restaures el nombre del muerto sobre su posesión".

Veamos que Booz presentó el problema con toda claridad y le informó a este otro pariente sobre la nacionalidad de Rut. En Deuteronomio 23: 3 estaba escrito lo siguiente: "No entrará el amonita ni el moabita en la congregación del Señor". Ante esto, este otro pariente podía pensar que, si facilitaba la entrada de Rut al pueblo, podría hacer peligrar su propiedad. Por supuesto que Booz estaba más que dispuesto a hacerlo porque la amaba, y estaba listo para hacer cualquier sacrificio por ella. Pero el otro pariente, lo único que sabía de Rut era que se trataba de una mujer del pueblo de Moab. Aunque hubiera sabido otras cosas sobre ella, no estaba interesado en casarse con ella y lo dejó claro. Leamos el versículo 6:

"El pariente respondió: No puedo redimir para mí, no sea que perjudique mi herencia. Redime tú, usando de mi derecho, porque yo no podré hacerlo".

Cuando la atención del otro pariente fue dirigida hacia este inconveniente serio, que poseía complicaciones legales, declaró entonces que no podía redimir a la extranjera de Moab, sin implicar su propia propiedad. El Tárgum declaraba que si él ya tenía una esposa e hijos, un matrimonio con la moabita comprometería los intereses de ellos.

Creemos que este pariente anónimo simboliza la ley. En realidad, la ley no puede redimirnos. Es incapaz de redimirnos. El apóstol Pablo escribiendo en su carta a los Romanos, dijo en el capítulo 3, versículo 20: "Porque por las obras de la ley ningún ser humano será justificado delante de Él, ya que la ley sirve tan solo para hacernos conocer que somos pecadores". Y luego en su carta a los Gálatas, capítulo 2, versículo 16 dijo "Sabiendo que el hombre no es justificado por las obras de la ley, sino por la fe de Jesucristo, nosotros también hemos creído en Jesucristo, para ser justificados por la fe de Cristo y no por las obras de la ley, por cuanto por las obras de la ley nadie será justificado". La ley, no nos puede salvar. Para que la ley nos pudiese salvar, tendría que bajar el nivel de sus normas, lo que no puede hacer. O bien nosotros tendríamos que alcanzar el nivel de las normas de la ley, y eso no nos es posible hacer. Este otro pariente del relato, entonces, como símbolo de la ley dijo que él no podía redimir. A los seres humanos sólo les puede redimir alguien que les ame y esté dispuesto a pagar el castigo del pecado. Esa es la única manera de ser salvos. El ser humano no puede alcanzar el nivel que Dios demanda. Por eso necesita un Redentor que le ame, como en nuestra historia, y esté dispuesto no solo a renunciar a todo sino también a entregar su vida. Cuando ese redentor divino ocupó nuestro lugar en la cruz por nuestros pecados, pagó el máximo precio que alguien podría pagar. Ahora, para que un acuerdo fuese vinculante, era necesario seguir un procedimiento bastante extraño para nosotros. Leamos el versículo 7 de este capítulo 4 de Rut:

> *"Desde hacía tiempo existía esta costumbre en Israel, referente a la redención y al contrato, que para la confirmación de cualquier negocio, uno se quitaba el calzado y lo daba a su compañero; y esto servía de testimonio en Israel".*

La ley fue dada en el capítulo 25 de Deuteronomio, versículos 7 al 9 con respecto a un caso análogo a éste. En aquel caso, así como en éste, un hombre perdía su calzado. Quitándose el zapato y entregándoselo al adquiriente, constituía un documento legal de gran significado en aquel entonces. Booz había tomado el lugar de Rut en esta transacción, actuando en su lugar y entonces ella podría convertirse en su esposa.

La ley, simbólicamente hablando está "descalza". La ley no le puede salvar a usted de ninguna manera. Es solamente el evangelio el que le puede redimir. En cuanto al pecador, la ley no le puede calzar. Es el evangelio de la gracia que viste a un pecador de la justicia de Cristo, y que le proporciona un calzado. El apóstol Pablo escribiendo en su carta a los Efesios, dijo en el capítulo 6, versículo 15: "Y calzados los pies con él con el celo por anunciar el evangelio de la paz". La ley no puede redimir pero Cristo, nuestro Booz, nuestro pariente-redentor, nos puede redimir por la gracia.

Continuemos ahora leyendo los versículos 8 al 10 de este capítulo 4 de Rut:

> *"Entonces el pariente dijo a Booz: Tómalo tú. Y se quitó el calzado. Dirigiéndose a los ancianos y a todo el pueblo, Booz dijo: Vosotros sois testigos hoy de que he adquirido de manos de Noemí todo lo que fue de Elimelec, y todo lo que fue de Quelión y de Mahlón. Y que también tomo por mi mujer a Rut la moabita, mujer de Mahlón, para restaurar el nombre del difunto sobre su heredad, para que el nombre del muerto no*

se borre de entre sus hermanos, ni de entre su pueblo. Vosotros sois testigos hoy".

Poseyendo ya el documento legal, el zapato del descalzo, Booz concluyó la transacción llamando a los diez ancianos, para que sirvieran de testigos que ahora era él, quien aquel día redimía las propiedades de Elimelec, Mahlón y Quelión. No sólo fue redentor de la propiedad, sino también de Rut. Continuemos con los versículos 11 al 14 de este capítulo 4 de Rut:

"Todos los que estaban a la puerta del pueblo y los ancianos respondieron: Testigos somos. El Señor haga a la mujer que entra en tu casa como a Raquel y a Lea, las cuales edificaron la casa de Israel; y tú seas distinguido en Efrata, y renombrado en Belén. Sea tu casa como la casa de Fares, el hijo de Tamar y Judá, gracias a la descendencia que de esa joven te dé Jehová. Así fue como Booz tomó a Rut y se casó con ella. Se unió a ella, y el Señor permitió que concibiera y diera a luz un hijo. Y las mujeres decían a Noemí: Alabado sea el Señor, que hizo que no te faltara hoy pariente, cuyo nombre será celebrado en Israel"

El amor por Rut fue lo único que impulsó a Booz concluir este asunto con tanto entusiasmo y eficacia. Su amor por la joven de Moab fue suficiente motivo para llegar a ser su pariente-redentor. La historia concluye apropiadamente con la declaración: "Booz, pues, tomó a Rut, y ella fue su mujer". Éste es el fin feliz de toda buena historia. Dios pone en el corazón de un hombre el amor y la atracción por una mujer, y hace que aquel sentimiento sea mutuo. De la misma manera Cristo vino a la tierra a buscar a Su esposa; Él es el que demostró Su amor muriendo por nosotros. Y nosotros respondemos a Su amor recibiéndole como Salvador y entonces comenzamos a conocerle. Esta debía ser la sana ambición de cada cristiano, de conocer a su redentor. Este mismo deseo fue la experiencia de San Pablo, expresada en Filipenses 3:10, donde dijo: "Quiero conocerle a él, y el poder de su resurrección". Después de todo, nosotros le amamos a Él porque Él nos amó primero. En nuestra historia y como resultado, todo el pueblo de Belén se alegró por lo que estaba ocurriendo en la vida de Booz y así lo expresaron. Porque Noemí necesitaba un redentor para continuar la descendencia de Elimelec.

Hay otro capítulo en nuestra historia el cual, aunque no tiene por objeto contribuir a su hermosura, sí contribuye a uno de los objetivos supremos. El resto del capítulo 4 de Rut, cuenta del nacimiento de Obed a Rut y a Booz. Esto dio pie a la inclusión de la gran genealogía que se halla al fin del libro. El libro de Rut y esta genealogía son lo que conecta a la familia del rey David con la tribu de Judá. Sin este libro, no tendríamos un registro histórico de esa conexión. Esta genealogía fue transferida en su totalidad al principio del Nuevo Testamento en el evangelio de Mateo. Presentó los incidentes de esta humilde historia como un vínculo en el gran plan y propósito de Dios. El versículo 22 de este capítulo 4 de Rut dice:

"Obed engendró a Isaí, e Isaí engendró a David".

El nacimiento de Obed a Rut y a Booz en Belén representó el nacimiento de Otro, y las noticias de Su venida, resonarían hasta los fines de la tierra, y producirían efectos tremendos y eternos sobre este mundo.

El nombre Obed significa "el siervo" o "el adorador". Las mujeres de Belén le pusieron este nombre debido a su relación con Noemí. Aunque no tenía ninguna consanguinidad con Noemí, legalmente era su nieto. Fue un siervo a Noemí, estando ella en su vejez, y tomó el lugar que fue dejado vacío por la muerte de su esposo y sus dos hijos. Ahora, su propiedad sería de Obed, el siervo. Y éste, que era descendiente de una moabita, fue un adorador del Dios verdadero, así como lo fue su madre. Y aquel pequeñito llegó a ser el abuelo del rey David. ¿Ve usted? Rut fue la bisabuela de David, y así ella formó parte del linaje que condujo al Señor Jesucristo.

La historia de Rut es una ilustración del pariente-redentor. Miremos por unos momentos en qué medida aquel pariente redentor fue una figura del Señor Jesucristo. ¿En qué sentido el Señor Jesucristo cumplió esas expectativas?

En primer lugar, aquel redentor tenía que ser un pariente cercano. En segundo lugar, tenía que estar dispuesto a redimir. En tercer lugar, tenía que poder redimir. En cuarto lugar, el pariente redentor tenía que ser libre él mismo. Y en quinto y último lugar, tenía que disponer del precio de la redención. Tenía que responder legalmente de lo que se requería. Booz fue capaz de cumplir con estas condiciones, como redentor de Rut. Y el Señor Jesucristo, como nuestro pariente-Redentor, y el Redentor del mundo, cumplió también con estos requisitos. Veámoslos por un momento.

En primer lugar, el Señor Jesucristo es nuestro pariente cercano. Nunca tuvo el nombre de Jesús sino hasta cuando nació en la tierra. Nunca podría haber salvado a Su pueblo de sus pecados, antes de haber venido a la tierra. Dijo el escritor a los Hebreos en el capítulo 2 de su carta, versículos 14 y 15: "Así como los hijos de una familia son de una misma carne y sangre, así también Jesús fue de carne y sangre humanas para derrotar con su muerte al que tenía el poder de matar, es decir, al diablo. De esta manera ha dado libertad a todos los que por miedo a la muerte viven como esclavos durante toda la vida".

Y el versículo 16 del mismo capítulo de Hebreos sigue diciendo que Cristo socorrió a la descendencia de Abraham. Y el apóstol Pablo escribiendo a los Gálatas dijo en el capítulo 4, versículos 4 y 5: "Pero cuando vino el cumplimiento del tiempo, Dios envió a su Hijo, nacido de mujer y nacido bajo la ley, para que redimiese a los que estaban bajo la ley, a fin de que recibiésemos la adopción de hijos". Jesucristo pues, es nuestro pariente-redentor.

Cristo sabe todo en cuanto a nosotros hoy en día, porque fue hecho un ser humano, y esto por amor a nosotros. Ahora, en segundo lugar, un pariente-redentor tiene que estar dispuesto a redimir. Sin duda alguna, Booz estaba dispuesto a redimir a Rut. Usted y yo, tenemos un pariente-redentor que por amor actuó y mostró su disposición a redimirnos. Dijo el mismo escritor a los Hebreos en el capítulo 12 de su carta, versículo 2: "Puestos los ojos en Jesús, el autor y consumador de la fe, el cual por el gozo puesto delante de él sufrió la cruz, menospreciando el oprobio, y se sentó a la diestra del trono de Dios".

En tercer lugar, el pariente-redentor también tiene que ser poderoso para poder redimir, tenía que ser capaz de redimir. Tenemos la idea de que quizá Noemí tuviera algunos parientes pobres. Nos imaginamos que cuando Noemí regresó a Belén, le fueron a visitar. Todo lo que les fue posible hacer fue simpatizar con ella, pues, no les era posible ayudarla, ya que apenas podían ayudarse a sí mismos. Booz sí podía redimirla.

Ahora, usted y yo, necesitamos tener un pariente-redentor que sea poderoso para redimir. Pero, en cuarto lugar, él también tenía que estar libre del pecado para poder redimirnos. Cuando el Señor Jesucristo vino a la tierra, Él pudo decir en el evangelio según San Juan, capítulo 14, versículo 30: "... porque viene el príncipe de este mundo, y él nada tiene en mí". Jesucristo no estuvo contaminado del pecado. Nació santo, inocente, sin mancha, ni pecado. Y en quinto y último lugar, el redentor tenía que pagar el precio de la redención. Él mismo fue aquel sacrificio cuando le pusieron en aquella cruz y fue hecho pecado por nosotros. Él, que no conoció pecado, sólo a Él le fue posible pagar aquel precio terrible. Ningún otro podía hacerlo. El escritor a los Hebreos dijo en 7:25, "Por eso puede también salvar perpetuamente a los que por él se acercan a Dios, viviendo siempre para interceder por ellos".

Así como el patriarca Job, nosotros también podemos afirmar con él y decir, "Yo sé que mi redentor vive y que él será mi abogado aquí en la tierra". Él ya estuvo aquí en la tierra y hoy está en el cielo, a la derecha de Dios. Porque un día murió en la cruz para redimirnos de la esclavitud del pecado. Y la Biblia nos dice, en Filipenses 2, que Dios le exaltó al más alto honor y le dio el más excelente de todos los nombres, para que al nombre de Jesús todos caigan de rodillas ante Él y reconozcan que Jesucristo es el Señor. A usted, no le es posible redimirme a mí. Ni tampoco yo puedo redimirle a usted. Ni siquiera podemos redimirnos a nosotros mismos. Todos somos pecadores. Tratar de salvarse a uno mismo es como el tirar una cuerda salvavidas desde la cubierta superior a la cubierta inferior, cuando un barco se está yendo a pique. Fue necesario que Uno descendiera del cielo para redimirnos. Jesús le dijo a Natanael en el evangelio según San Juan, capítulo 1, versículo 51: "De aquí adelante veréis el cielo abierto, y a los ángeles de Dios que suben y descienden sobre el Hijo del Hombre". Cristo es esa escalera al cielo. Jesús es el Único que puede servir como nuestro pariente-redentor.

El libro de Rut proviniendo del tiempo de los Jueces, fue como una bella flor en un terreno lleno de malezas. La fragancia de esta historia ha sido llevada por el aire a los rincones más remotos de la tierra, y revela el hecho de que la redención es una historia de amor. Fue el amor de nuestro pariente-redentor, al vernos sumergidos en la esclavitud del pecado, lo que le impulsó a pagar con Su preciosa sangre el precio de nuestra liberación, y nos ha traído a Su hogar y a Su corazón porque nos amó con amor eterno.

El Regreso de Nohemí

Era una tarde plomiza y fría; lloviznaba. Las tres transitaban lentamente por el camino polvoriento tantas veces humedecido por las lágrimas. Un grupo bastante grande de hombres y mujeres las seguían en silencio.

Era la tercera vez que recorrían ese sendero, el del cementerio, en los últimos dos años. La primera vez fue para enterrar a Elimelec, el esposo de Noemí. La segunda ocasión fue para darle sepultura a Quelión, el hijo mayor, casado con Orfa. Ahora le había llegado a Rut la desdicha de perder a Mahlón, su esposo.

Las tres viudas caminan con esos pasos pausados que tienen aquellos cuya alma lleva una carga muy pesada. Han cambiado una vez más sus atavíos de colores por los blancos, expresando el duelo del corazón. Las tres avanzan con su rostro inclinado, la mirada de cada una se fija en el monótono y lánguido camino.

Orfa le pregunta a Noemí:

— ¿Por qué tu Dios permite que nos pase esto? Tú eres una fiel creyente y siempre lo sirves.

Noemí, con sus ojos cubiertos de lágrimas, responde:

— El Señor está en el cielo y es perfecto. Él nunca se equivoca.

Noemí mira hacia atrás en su memoria. Hacía un poco más de diez años que el hambre había llegado a todo Judá y parecía que en Belén era peor. Primero fueron los ataques continuos de los enemigos que hacían difícil el cultivo y, en tiempo de cosecha, las robaban. Luego vino aquella sequía. Oraron a Dios que mandara lluvia pero por largos meses no cayó ni una gota de agua. Al final toda la familia decidió emigrar temporalmente a Moab. Allí había más comida, la sequía no era tan intensa y también había trabajo.

Les fue penoso dejar la tierra de los antepasados. En ella habían sido enterrados sus padres y abuelos. Hicieron el largo viaje con muchas dificultades.

Al principio, parecía que la situación de la familia iba a mejorar. Los dos hijos se casaron con mujeres moabitas. Las dos eran paganas. Adoraban a esos ídolos que el mismo Dios había mandado que los israelitas destruyeran.

Con mucha paciencia Noemí les habló del Señor de los Ejércitos. Les contó que Dios había sacado al pueblo hebreo de Egipto, que había abierto las aguas del mar Rojo para que ellos pasaran en seco, cerrándolas luego sobre sus perseguidores que se ahogaron. Les habló del amor que el Señor tenía hacia su pueblo Israel y como él contestaba sus oraciones. Las dos escuchaban con atención y respeto. Orfa no se mostraba convencida; Rut, sin embargo, bebía sus palabras.

Por fin llegan a la casa modesta que las está esperando con el silencio profundo que dejan los muertos recientes. La vivienda con las ventanas cubiertas daba la sensación de que hasta los pocos muebles estaban apenados. Faltaba solo una persona, pero parecía inmensamente vacía. Noemí, con tristeza, aparta la silla del hijo de junto a la mesa. Su querido Mahlón nunca más se va a sentar allí.

Unos días después Noemí llamó a sus nueras:

— Yo me vuelvo a la tierra de Judá. Las quiero mucho. Las voy a extrañar.

— Nosotras te acompañamos! — responden al unísono y sin vacilar.

Comienzan el duro camino del regreso de aquellos que tienen que dejar enterrado lejos de la patria a un ser querido. Atrás queda la casa vacía, donde por algún tiempo seis personas fueron una familia feliz.

A poco de andar, Noemí se dirige nuevamente a sus nueras: "Vayan y regresen cada una a la casa de su madre. Que el Señor haga misericordia con ustedes, como la han hecho ustedes con los difuntos y conmigo" (Rut 1:8).

Noemí las ha visto acompañando a sus hijos a través de la dura enfermedad. Las ha oído levantarse a toda hora de la noche para asistirlos en lo necesario. Las ha observado estrechando las manos sudorosas y frías de ellos. Las ha visto allí junto al enfermo cuanto estos dieron el último suspiro. Por eso es por lo que, con todo su corazón les dice: "El Señor os conceda hallar descanso, cada una en la casa de su marido" (Rut 1:9).

Noemí abraza y besa a sus nueras mientras que ellas prorrumpen en un incontenible llanto. Juntas habían pasado tantos momentos felices como familia y ahora llegaba la separación. Noemí desea que ellas regresen a su tierra natal, al cuidado de sus propias familias. Quizás puedan encontrar otro esposo y comenzar de nuevo.

Al principio las dos insisten en acompañarla. Noemí les da el argumento final: "De mí no pueden esperar nada más. Yo les he dado lo más preciado que tenía, mis queridos hijos".

Ella tiene ahora más de cuarenta años. Hace un recuento de su vida y sus posibilidades: "Yo ya estoy vieja" dice masajeándose suavemente el abdomen con las dos manos. "Nos costó bastante tener dos hijos, y aunque hoy yo quedara embarazada ustedes no van a esperar hasta que crezcan mis hijos para casarse con ellos. Pero esto es muy difícil a mi edad. Y dado que no tengo marido es imposible".

Espesas lágrimas manan de los oscuros y grandes ojos de Noemí: "No, hijas mías, mi amargura es mayor que la de ustedes, porque la mano del Señor se ha levantado contra mí" (Rut 1:13). Agrega: "Yo ya estoy acabada, en mí no hay esperanza".

Luego, con una triste sonrisa, Noemí mira a sus nueras y les dice: "Ustedes son jóvenes y bonitas. Deben rehacer sus vidas. No les será difícil conseguir un buen esposo".

Orfa abraza estrechamente a su suegra, besándola muchas veces con intensa emoción, y luego con profundas expresiones de amor se despide de Rut. Lentamente toma el camino de regreso hacia su pueblo. Las dos la ven alejarse en la distancia. Noemí entonces se vuelve a Rut y le dice:

— He aquí, tu cuñada se ha vuelto a su pueblo y a sus dioses. Vuélvete tú tras ella (Rut 1:15).

La moabita queda en silencio por unos minutos. Está sollozando. Su hermoso rostro está humedecido por el rocío salado que surge de sus ojos. La mira fijamente y exclama:

— Tú eres todo lo que yo tengo. "No me ruegues que te deje y que me aparte de ti; porque a dondequiera que tú vayas, yo iré" (Rut 1:16).

Rut apuesta su futuro en forma incondicional en manos de su suegra. Luego agrega con su voz firme y pausada como midiendo cada palabra: "y dondequiera que tú vivas, yo viviré".

Rut ha encontrado en esa suegra una madre. Ha crecido espiritualmente. La bondad y fe sinceras de Noemí la convencieron de que esta mujer tiene algo que ella necesita. Está anclada a la vida de su suegra con una cadena de oro por su propia voluntad; no la quiere romper. Han pasado muchas cosas juntas. Han llorado abrazadas, han caminado tomadas de la mano. Han comido juntas sin otra compañía. Han orado y alabado al Señor Dios de Israel juntas.

Rut ha encontrado en Noemí una dimensión que nunca se dio con su familia en Moab. ¡Su suegro era una persona tan distinta de las que había conocido! Era un hombre serio pero amable. Un siervo del Dios Eterno. Su esposo y su cuñado ¡eran también tan diferentes a los moabitas que ellas habían tratado!

Noemí clava en Rut sus ojos y le pregunta:

— ¿Estás dispuesta a olvidar a tu pueblo y renunciar a tus dioses?

Mucho aprendió Rut durante el tiempo vivido junto a Noemí. Esta, reiteradas veces le habló del Dios de Israel. Le enseñó que es un Dios omnipotente y que es el Creador de los cielos y de la tierra. Le ha instruido que es un Dios lleno de misericordia y perdonador cuando la persona se acerca a él quebrantada e implorando su perdón.

Rut recuerda todos esos ídolos que conocía tan bien y que la atormentaban en sus pesadillas. Esas imágenes diabólicas que, por miedo, antes adoraba. *Quemós* era la gran divinidad y había que ofrecerle sacrificios humanos. Pero, ¡qué distinto era este Señor de los Ejércitos!

El rostro de Rut expresa tristeza y, a la vez, determinación. Se aferra a los pies de Noemí y exclama:

— Tu pueblo será mi pueblo y tu Dios será mi Dios (Rut 1:16). Yo quiero ser parte de ese pueblo. Yo me quiero integrar, y empezar allí una nueva vida si fuera posible. De ahora en adelante quiero solo adorar al Dios de Abraham, Isaac y Jacob.

Noemí regresa como el emigrante que ha dejado el país y sus sueños nunca pasaron de quimeras. Quien regresa unos cuantos años después lo hace con la cabeza baja, los cabellos encanecidos, la piel del rostro arrugada, las fuerzas disminuidas y la billetera vacía. Todo lo que le queda es una nuera a quien quiere con todo su corazón, como si fuera su propia hija.

Finalmente llegan a Belén. Entran por una de las callejuelas tortuosas de la ciudad. Caminan lentamente recordando las casas que todavía se levantan, aunque los años que las deterioran también causan estragos en los seres humanos. La gente, al reconocerla, la saluda:

— ¡Pero si es Noemí!

— ¿Te acuerdas de Noemí, la esposa de Elimelec?

El paso de los años y las desgracias han marcado sus huellas en el semblante de Noemí.

— Noemí, ¿cómo estás? ¿Te acuerdas de mí?

— Yo soy la hija del panadero.

— Y yo la hermana de tu vecina Raquel, la que vivía enfrente de tu casa — dice otra.

Noemí, con una sonrisa forzada, responde:

— No me llamen Noemí; llámenme Mara, porque el Todopoderoso ha hecho muy amarga mi vida (Rut 1:20).

— ¿Qué te pasó? ¿Y tu esposo, y tus hijos?

Ella cuenta una vez más su historia como si lo hiciera por primera vez.

— Yo me fui llena, pero el Señor me ha hecho volver vacía. ¿Por qué, pues, me llaman Noemí, ya que el Señor me ha afligido y el Todopoderoso me ha abatido? (Rut 1:21).

Ha pasado el tiempo. Al volver a Belén, Rut ha seguido fielmente los consejos de su suegra. Su pariente lejano de parte de la familia del esposo decidió ejercer el derecho de rescate. Booz hace rato que dejó de ser joven pero todavía conserva energías y ganas de trabajar fuerte al frente de los segadores en su campo. Está en una posición económica favorable. Luego de una inusual solicitud de Rut, le ofrece matrimonio.

Sé celebran las bodas. Rut entra en la vida de Israel. No es conocida más como la moabita sino como la esposa del pudiente hacendado Booz. De esa unión nace un niño que es llamado Obed.

Pasan los años. Rut camina por las calles de Belén con un hermoso niño de su mano. Aquel niño llegará a ser el abuelo del valiente rey David. Noemí tendrá a su cargo la crianza de este niño. Para las mujeres de Belén este hijo que le ha nacido a Rut es como si fuera propiamente de Noemí. Así se lo hacen saber: "¡Alabado sea el Señor, que hizo que no te faltara hoy un pariente redentor! ¡Que su nombre sea celebrado en Israel! Él restaurará tu vida y sustentará tu vejez" (Rut 4:14-15). Las dos mujeres que anduvieron por el camino desolado desde Moab hasta Belén tienen su vida cambiada. Ya no transitan más mirando el suelo y con el rostro triste. Ahora caminan con su cara sonriente y mirando con esperanza al horizonte sin fin.

La historia bíblica y nosotros

¡Qué difícil es para nosotros entender por qué el Dios Todopoderoso permite que las desgracias sucedan en nuestra vida!

Noemí interpreta la tragedia de su vida diciendo: "...la mano del Señor se ha levantado contra mí... el Señor me ha afligido y el Todopoderoso me ha abatido" (Rut 1:13,21). Sin embargo, ella no está enojada ni argumenta con el Señor. Pero mantiene la idea errónea de que el mal acontecido prueba que Dios está en su contra. La realidad es que el Eterno va a continuar estando con ella.

Es cuando llegamos a Rut 4 que nos damos cuenta de que, al final de todo, el Señor la bendice más allá de cuanto ella podría sospechar (Ro 8:28).

Es en todo ese proceso de sufrimiento y prueba que una mujer pagana (Rut) se da cuenta de lo distinto que es la desventura cuando se tiene fe en el Dios vivo y verdadero.

Noemí, como Job, se pregunta: ¿Por qué me pasa esto a mí? ¿Qué hice yo para merecer tanto sufrimiento en mi vida? Es así como adopta la posición equivocada de ver a Dios como adversario. Si así lo fuera, el Señor se la hubiera llevado a ella y no a su esposo e hijos. Razona, probablemente, que inconscientemente ha cometido alguna afrenta muy grave contra Dios. Que esto no es así lo va a expresar el bisnieto de Rut, al decir: "Él es quien perdona todas tus iniquidades, el que sana todas tus dolencias... No ha hecho con nosotros conforme a nuestras iniquidades ni nos ha pagado conforme a nuestros pecados" (Sal 103:3,10). Noemí no ha captado aún la profundidad que va a expresar el mismo autor, al decir: "Espera en el Señor. Esfuérzate y aliéntese tu corazón. ¡Sí, espera en el Señor!" (Sal 27:14).

Muchos siglos después el apóstol Pablo va a responder a aquellas preguntas. Al hacerlo nos damos cuenta de que la mayoría de las veces, no es que Dios esté en forma activa actuando en contra del creyente. En una manera maravillosa en Romanos 8 vemos que el sufrimiento del creyente no es sin propósito, fortuito o casual: "Porque considero que los padecimientos del tiempo presente no son dignos de comparar con la gloria que pronto nos ha de ser revelada" (Ro 8:18).

Luego se menciona una gran lista de dificultades tales como tribulación, angustia, persecución, hambre (Ro 8:35), mas no como evidencias de que Dios esté en nuestra contra, sino que "en todas estas cosas somos más que vencedores por medio de aquel que nos amó" (Ro 8:35-37).

Pedro, escribiendo a los cristianos que son perseguidos, les dice: "Amados, no se sorprendan por el fuego que arde entre ustedes para ponerlos a prueba, como si les aconteciera cosa extraña" (1 P 4:12).

¿Qué tiene que hacer en un libro como la Biblia una pequeña historia que, en definitiva, es la tragedia de tres mujeres? De una manera simplista podríamos decir que Dios se interesa por la vida de los seres humanos y, específicamente, de las mujeres. En aquella época nadie escribiría un libro centrado en las dificultades de tres mujeres y, por supuesto, menos todavía incluirlo en el canon de las Escrituras.

Dios va a utilizar a un pariente de Elimelec para ejercer el antiguo derecho de "redención". De acuerdo con éste, un hermano o un familiar podían casarse con la viuda a los efectos de permitir, por la procreación, el mantenimiento del nombre del muerto. Lo que de otra manera hubiera constituido un incesto se permite en la ley de Moisés.

Automáticamente, al ejercer este derecho las tierras del difunto pasan a ser propiedad del "redentor".

En ningún momento tenemos un ángel o el mismo Señor haciendo una revelación. Son sencillamente relatos y conversaciones de los cuatro personajes principales. Sin embargo, al leer la historia nos damos cuenta de que la soberanía de Dios se manifiesta. Rut, quien es una mujer pagana que vive en una sociedad hebrea que desprecia y aborrece a los gentiles, por su genuina conversión se integra al pueblo de Israel.

Los grandes temas de este pequeño libro son fidelidad, amistad, familia, lealtad, sumisión y bendición.

Rut se nos presenta corno una persona cuya fidelidad es ejemplar. La demuestra primero en su matrimonio; luego al quedar viuda, permaneciendo con su suegra y acompañándola en su retorno. El sentido de lealtad está profundamente grabado en el corazón de esta mujer. Ella no puede concebir la posibilidad de abandonar a su suegra en ninguna circunstancia.

Unida a esta cualidad tenemos la sumisión. Ella sigue exactamente las insólitas instrucciones de su suegra en relación con Booz, que sin duda le habrán levantado muchas interrogantes. Pero debemos tener claro que no es una fidelidad fría y mecánica, sino que es el producto de una amistad y amor que Noemí, mujer excepcional, se ha sabido ganar.

Pero dentro de estas cualidades de fidelidad, sumisión, amistad y amor se destaca el vínculo y el concepto de familia como algo integral y dinámico. Así Noemí va a ser considerada la madre de Obed, si bien ha sido Rut quien lo dio a luz.

Sugerimos tres vestidos distintos de Rut. El primero, el del luto, que a diferencia de la tradición occidental, era de color blanco. Luego, el que se pone cuando va al lugar donde descansa Booz. El último, el de bodas, que sin duda viste cuando se casa con Booz. El otro familiar que no ejerce el derecho de la redención es posiblemente por causa de sus hijos. Sin duda, estos no van a querer que la herencia paterna se tenga que dividir si el padre se casa con una mujer joven con la cual pueda tener muchos hijos.

La razón por la cual Rut quiere un esposo es primordialmente para tener hijos que prolonguen la dinastía familiar. En el Antiguo Testamento vemos claramente que la esterilidad para la mujer hebrea se veía como una condición desgraciada (1 S 1:11-16).

Las vecinas, como si de alguna manera fueran intérpretes de la voluntad divina, exclaman: "¡Un hijo le ha nacido a Noemí!" (Rut 4:17). Eran las mismas mujeres que alabaron al Señor, diciéndole a Noemí: "tu nuera, que te ama y te es mejor que siete hijos, lo ha dado a luz" (Rut 4:15).

Apuntes

Es probable que la enfermedad que mató al padre y a los hijos fuera tuberculosis. El nombre de Mahlón significa "enfermizo" y el de su hermano Quelión, "exterminio".

En (Rut 1:9) leemos: "en la casa de su marido". La idea está bien expresada en la Biblia Latinoamericana: "... y les permita que encuentren cada una un esposo con quien puedan vivir en paz"; o en la NVI: "Que el Señor les conceda hallar seguridad en un nuevo hogar, al lado de un nuevo esposo".

El procedimiento que Noemí le aconseja a Rut para dialogar con Booz y hacer valer el derecho de redención del pariente es para nosotros un poco extraño. Sin duda no es lo usual, dado que va a la medianoche y se cubre con el manto de Booz. Es importante destacar que en esta escena no hay contacto sexual. Booz la reconoce como una mujer virtuosa. Booz también es piadoso y él nunca haría nada inapropiado con una mujer que es la viuda de un pariente alejado, y que otro más cercano que él estaría en condiciones de redimir. En esa sociedad los parentescos eran muy respetados por distantes que fueran. Lo que hace Rut es difícil de entender para nosotros. Quizás sería como si una señorita que tiene cierto interés en un joven, "por casualidad" se sentara al lado de él en un ómnibus con varios asientos vacíos, o que durante el canto congregacional se le acercara para compartir el himnario. Sin duda que es Rut quien empieza la aproximación pero, por otra parte, cada detalle de lo que Booz dice ("todos en mi ciudad saben", (Rut 3:11) muestra estar bien informado, por lo que en forma progresiva va tomando más interés en esta joven extranjera.

Los elementos de carácter de Noemí y de Rut son interesantes. Rut muestra una fidelidad a toda costa. Ella respeta y obedece a su suegra. Se siente completamente ligada como cuando estaba casada con su hijo. No es una atadura solo por el sentido del deber sino que un profundo amor se ha despertado entre ambas y la relación es verdaderamente de madre a hija y viceversa. En ningún momento vemos en Rut una queja a Dios por su condición de viuda. Ella lo ha aceptado como la voluntad del Todopoderoso.

Temas para análisis y comentario

1. ¿Está Noemí enojada contra Dios por las desgracias que le han sucedido?

2. ¿Por qué cree Noemí que Dios está en su contra?

3. ¿Por qué Rut quiere quedarse con su suegra en vez de volver con su familia?

4. ¿Cómo se conecta esta historia con (Ro 8:28)?

5. ¿En qué genealogía del Nuevo Testamento se menciona a Rut?

6. ¿Qué atributos de Dios se ven en esta historia?

Conclusión

El libro de Rut nos brinda lecciones valiosas sobre la lealtad y la redención. A través de la historia de Rut, podemos observar cómo el amor y el compromiso pueden superar adversidades y diferencias culturales. Su dedicación a Noemí y su valentía al integrarse en una nueva comunidad son ejemplos inspiradores de cómo la bondad puede cambiar vidas. Además, la narrativa destaca la importancia de la providencia divina en nuestras decisiones.

A pesar de las dificultades, Rut logra encontrar su camino hacia un futuro esperanzador, recordándonos que siempre hay oportunidades para el crecimiento y la renovación. La historia nos invita a confiar en que, incluso en momentos de incertidumbre, hay un propósito mayor en juego. Finalmente, el libro de Rut también nos enseña sobre la inclusión y la aceptación. Rut, siendo una moabita, es recibida con los brazos abiertos en Israel, lo que enfatiza la idea de que el amor y la comunidad no conocen fronteras. Esta enseñanza es especialmente relevante en un mundo donde la diversidad y la empatía son más necesarias que nunca.

Don't miss out!

Visit the website below and you can sign up to receive emails whenever Sermones Bíblicos publishes a new book. There's no charge and no obligation.

https://books2read.com/r/B-A-ALQN-UJRHF

BOOKS 2 READ

Connecting independent readers to independent writers.

Did you love *Clase Bíblica para Adultos y Jóvenes: Guía de Principiantes: Rut*? Then you should read *Clase Bíblica para Jóvenes y Adultos: Guía de Principiantes: Introducción a la Biblia*[1] by Sermones Bíblicos!

[2]

Continúa nuestra introducción al estudio bíblico, el comienzo de una serie que explora la Biblia capítulo por capítulo, desde Génesis hasta Apocalipsis. Ofrecemos lecciones interesantes tanto para jóvenes como para adultos, presentadas con claridad y enfocadas en los eventos más trascendentales para el enriquecimiento espiritual. Examinaremos la importancia de *"leer la Biblia", "estudiar la Biblia" y "meditar en la Biblia".*

dirijida por Hermanos congregados en el nombre del Señor Jesucristo, *practicantes de la Sana Doctrina Cristiana.*

---

1. https://books2read.com/u/3LBkJM

2. https://books2read.com/u/3LBkJM

Also by Sermones Bíblicos

CLASE BÍBLICA DESDE CERO
Clase Bíblica para Jóvenes y Adultos: Guía de Principiantes: El Pentateuco

Clase Bíblica Dominical Para Jóvenes y Adultos
Clase Bíblica para Jóvenes y Adultos: Guía de principiantes: Génesis
Clase Bíblica para Jóvenes y Adultos: Guía de Principiantes: Éxodo
Clase Bíblica para Jóvenes y Adultos: Guía de Principiantes: Levítico
Clase Bíblica para Jóvenes y Adultos: Guía de principiantes: Números
Clase Bíblica para Jóvenes y Adultos: Guía de Principiantes: Deuteronomio
Clase Bíblica para Jóvenes y Adultos: Guía de Principiantes: Josué
Clase Bíblica para Adultos y Jóvenes: Guía de Principiantes: Jueces
Clase Bíblica para Adultos y Jóvenes: Guía de Principiantes: Rut
Clase Bíblica para Jóvenes y Adultos: Guía de Principiantes: Introducción a la Biblia

Enseñanzas de la Sana Doctrina Cristiana
Enseñanzas de la Sana Doctrina Cristiana: Saliendo de Egipto a Canaán 2007

Enseñanzas de la Sana Doctrina Cristiana: Saliendo de Egipto a Canaán 2008
Analizando la Enseñanza en 2 Samuel: El Liderazgo del Rey David
Enseñanzas de la Sana Doctrina Cristiana: Tesoros Bíblicos
Enseñanzas de la Sana Doctrina Cristiana: El Progreso del Peregrino
Enseñanzas de la Sana Doctrina Cristiana: El Progreso de la Peregrina

Estudiando El Tabernáculo de la Biblia
El Tabernáculo: Descripción de sus Componentes
Principios Bíblicos para una Iglesia: Ilustrados por El Tabernáculo
El Tabernáculo: En el Desierto y las Ofrendas
El Tabernáculo: Las Ofrendas Levíticas, el Sacrificio de Expiación
El Tabernáculo: Un santuario Terrenal
Analizando la Enseñanza del Trabajo en el Libro Profético de Jeremías y Lamentaciones

Estudio Bíblico Cristiano Sobrevolando la Biblia con Enseñanzas de la Sana Doctrina
Estudio Bíblico: Génesis 1. La Creación en Seis Días
Estudio Bíblico: Génesis 2. Estatutos de la Creación
Estudio Bíblico: Génesis 3. La Caída del Hombre
El Tabernáculo: En el Nuevo Testamento
Estudio Bíblico: Génesis 4. Aconteció Andando el Tiempo; Presente, Tributo, Oblación
Estudio Bíblico: Génesis 5. El Mensaje que Dios tiene para Nosotros en esta Genealogía
La Historia de Noé: Su Entorno, Su Experiencia, El Mandato y El Pacto
Estudio Bíblico: Sana Doctrina Cristiana: Introducción a la Biblia

Juan Bunyan Collection
Enseñanzas de la Sana Doctrina Cristiana: El Progreso del Peregrino y la peregrina

La Enseñanza del Trabajo en la Biblia
Analizando la Enseñanza del Trabajo en Éxodo: De la Esclavitud a la Liberación
Analizando la Enseñanza del Trabajo en Levítico: Alcanzar el Espíritu de la Ley en el Trabajo
Analizando la Enseñanza del Trabajo en Números: La Experiencia de Israel en el Desierto para Nuestros Desafíos Actuales
Analizando la Enseñanza del Trabajo en Deuteronomio: Una Perspectiva para la Vida Laboral Actual
Analizando la Enseñanza del Trabajo en Josué y Jueces: ¡La Motivación para el Trabajo Arduo!
Analizando la Enseñanza del Trabajo en Rut: Un Referencial para el Autocrecimiento y Superación
Analizando la Enseñanza del Trabajo en Samuel, Reyes y Crónicas: Un Estudio de Liderazgo en la Antigüedad
Analizando la Enseñanza del Trabajo en Esdras, Nehemías y Ester: Una Mirada al Pasado para Orientar nuestras Futuras Labores
Analizando la Enseñanza del Trabajo en Job: Ejemplo Espiritual y Profesional para la Vida Laboral
Analizando la Enseñanza del Trabajo en Salmos: Ética, Obras y Palabras
Analizando la Enseñanza del Trabajo en Proverbios
Analizando la Enseñanza del Trabajo en Eclesiastés: "El Trabajo Duro Bajo el Sol", Las Lecciones de Eclesiastés
Analizando la Enseñanza del Trabajo en Cantar de los Cantares

Analizando la Enseñanza del Trabajo en los 12 Profetas de la Biblia
Analizando la Enseñanza del Trabajo en el Libro Profético de Isaías
Analizando la Enseñanza del Trabajo en el Libro Profético de Ezequiel
Analizando la Enseñanza del Trabajo en el Libro Profético de Daniel
Analizando la Enseñanza del Trabajo en los Libros Proféticos de Oseas, Amós, Abdías, Joel y Miqueas
Analizando la Enseñanza del Trabajo en los Libros Proféticos de Nahúm, Habacuc y Sofonías
Analizando la Enseñanza del Trabajo en los Libros Proféticos de Hageo, Zacarías y Malaquías
Analizando la Enseñanza del Trabajo en el Evangelio de Mateo
Analizando la Enseñanza del Trabajo en el Evangelio de Marcos
Analizando la Enseñanza del Trabajo en el Evangelio de Lucas
Analizando la Enseñanza del Trabajo en el Evangelio de Juan
Analizando la Enseñanza del Trabajo en la Carta a los Romanos
Analizando la Enseñanza del Trabajo en la Carta a los Corintios
Analizando la Enseñanza del Trabajo en la Carta a los Colosenses y Filemón
Analizando la Enseñanza del Trabajo en las Cartas Pastorales: Timoteo y Tito
Analizando la Enseñanza del Trabajo en Génesis: El Proposito de la Vida en la Tierra
Analizando la Enseñanza del Trabajo en El Pentateuco
Analizando la Enseñanza del Trabajo en los Libros Históticos: Aplicando la Biblia al Trabajo Práctico
Analizando la Enseñanza del Trabajo en El Pentateuco y Libros Históricos
Analizando la Enseñanza de la Labor: La Guía de Dios para el Trabajo
Analizando la Enseñanza del Trabajo en los Libros Poéticos
Analizando la Enseñanza del Trabajo en los Libros Proféticos de la Biblia
Analizando la Enseñanza del Trabajo en el Antiguo Testamento
Analizando la Enseñanza del Trabajo en el Antiguo Testamento

Base Bíblica de la Educación del Trabajo
Analizando la Enseñanza del Trabajo en el Nuevo Testamento
Analizando la Enseñanza del Trabajo en las Cartas Generales y el Apocalipsis
Analizando la Enseñanza del Trabajo en las Cartas Paulinas
Analizando la Enseñanza del Trabajo en los Hechos de los Apóstoles
Analizando la Enseñanza del Trabajo en los Evangelios del Nuevo Testamento
Analizando la Enseñanza del Trabajo en los Libros Históricos del Nuevo Testamento

La Enseñanza en la Clase Bíblica
Lecciones Para Escuela Dominical: 182 Historias Bíblicas
Guía de Clase Bíblica para Principiantes: 50 Bellas Lecciones
Lecciones Para Escuela Dominical: 62 Personajes Bíblicos
Como Enseñar en la Escuela Dominical: Guía para Maestros de Clase Bíblica
Estudiando la Enseñanza en la Clase Bíblica: Guía para Maestros

Los Cuatro Evangelios de la Biblia
Analizando Notas en el Libro de Marcos: Encontrando Paz en Tiempos Difíciles
Analizando Notas en el Libro de Lucas: El Amor Divino de Jesús Revelado
Analizando Notas en el Libro de Juan: La Contribución de Juan a las Escrituras del Nuevo Testamento

Los Cuatro Evangelios de la Biblia

Analizando Notas en el Libro de Mateo: Cumplimientos de las Profecías del Antiguo Testamento

Notas en el Nuevo Testamento
Analizando Notas en el Libro de los Hechos: Un Viaje de Continuación en la Obra de Jesús

Profecías Bíblicas
Perfíl Profético: La Última Semana, La Gran Tribulación
Claras Palabras Proféticas: La Profecía Hecha Historia
Perspectiva de la Profecía: El Próximo Gran Acontecimiento
Desarrollo Profético de Dios: Las Señales de los Tiempos
Profecía Cronológica: Las Cosas que Sucederán en la Tierra
Seis Días Proféticos en la Biblia

Sermones de C. H. Spurgeon
La Procesión del Dolor

Sobrevolando la Biblia
Símbolos en la Biblia: Sana Doctrina Cristiana

Standalone
Cristo en Toda la Biblia: Estudio Bíblico
Notas en los Cuatro Evangelios: Comentario Bíblico
Analizando Lo que Está por Suceder: Las Profecías de Dios

Himnos del Evangelio

El Tabernáculo en la Biblia: Como Enseñar el Tabernáculo

Clase Bíblica para Jóvenes y Adultos: Hallowen, No me Dejo Endulzar

Sermones Bíblicos
HERMANOS EN LA FE

About the Author

Esta serie de estudios bíblicos es perfecta para cristianos de cualquier nivel, desde niños hasta jóvenes y adultos. *Ofrece una forma atractiva e interactiva de aprender la Biblia,* con actividades y temas de debate que le ayudarán a profundizar en las Escrituras y a fortalecer su fe. Tanto si eres un principiante como un cristiano experimentado, esta serie te ayudará a crecer en tu conocimiento de la Biblia y a fortalecer tu relación con Dios. Dirigido por hermanos con testimonios ejemplares y amplio conocimiento de las escrituras, *que se congregan en el nombre del Señor Jesucristo Cristo en todo el mundo.*

Milton Keynes UK
Ingram Content Group UK Ltd.
UKHW032052231124
451423UK00013B/1105